JN008259

本書は，各単元の最重要ポイントを確認し，基本的な問題を何度も繰り返して解くことを通して，中1・中2理科の基礎を徹底的に固めることを目的として作られた問題集です。1単元4ページの構成です。

ボクの一言ポイントにも注目だよ！

数犬チャ太郎

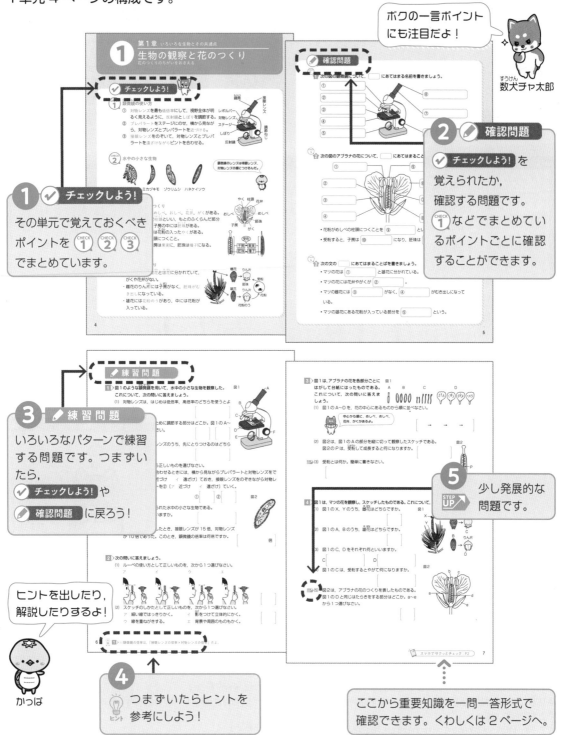

1 ✔ チェックしよう！

その単元で覚えておくべきポイントを CHECK 1 CHECK 2 CHECK 3 でまとめています。

2 ✏ 確認問題

✔ チェックしよう！ を覚えられたか，確認する問題です。CHECK 1 などでまとめているポイントごとに確認することができます。

3 ✏ 練習問題

いろいろなパターンで練習する問題です。つまずいたら，✔ チェックしよう！ や ✏ 確認問題 に戻ろう！

ヒントを出したり，解説したりするよ！

かっぱ

4 💡 つまずいたらヒントを参考にしよう！

5 STEP UP 少し発展的な問題です。

ここから重要知識を一問一答形式で確認できます。くわしくは2ページへ。

使い方は
カンタン！

ICT コンテンツを活用しよう！

本書には，QRコードを読み取るだけで利用できる一問一答クイズがついています。

スマホでサクッとチェック　一問一答で知識の整理

右のQRコードから，
重要知識をクイズ形式で確認できます。

1回10問だから，
スキマ時間に
サクッと取り組める！

PCから
https://cds.chart.co.jp/books/vw07dn4mlc

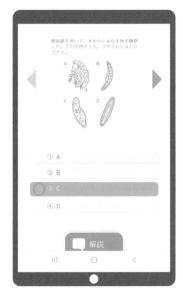

中1・2の重要な
ポイントを
すばやく復習！

便利な使い方

ICTコンテンツが利用できるページをスマホなどのホーム画面に追加することで，毎回
QR コードを読みこまなくても起動できるようになります。くわしくは QRコードを読み
取り，左上のメニューバー「≡」▶「ヘルプ」▶「便利な使い方」をご覧ください。

目　次

1 生物の観察と花のつくり

花のつくりのちがいをおさえる

✔ チェックしよう！

 顕微鏡の使い方

① 対物レンズを最も低倍率にして，視野全体が明るく見えるように，反射鏡としぼりを調節する。

② プレパラートをステージにのせ，横から見ながら，対物レンズとプレパラートを近づける。

③ 接眼レンズをのぞいて，対物レンズとプレパラートを遠ざけながらピントを合わせる。

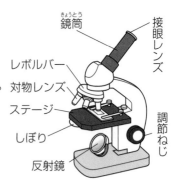

 水中の小さな生物

ミジンコ　ミカヅキモ　ゾウリムシ　ハネケイソウ

顕微鏡のレンズは接眼レンズ，対物レンズの順につけるんだ。

アブラナの花のつくり

・中心から順に，めしべ，おしべ，花弁，がくがある。

・めしべ…先端を柱頭といい，もとのふくらんだ部分を子房という。子房の中には胚珠がある。

・おしべ…先端には花粉の入ったやくがある。

・受粉…花粉が柱頭につくこと。

・受粉すると，子房は果実に，胚珠は種子になる。

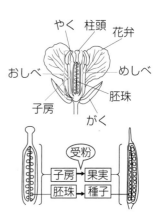

マツの花のつくり

・マツの花は，雌花と雄花に分かれていて，がくや花弁がない。

・雌花のりん片には子房がなく，胚珠がむき出しになっている。

・雄花には花粉のうがあり，中には花粉が入っている。

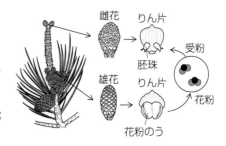

確認問題

CHECK 1

1 次の図の顕微鏡について，□ にあてはまる名前を書きましょう。

①

②

③

④

⑤

⑥

⑦

⑧

CHECK 3

2 次の図のアブラナの花について，□ にあてはまることばを書きましょう。

①

②

③

④

⑤

⑥

⑦

⑧

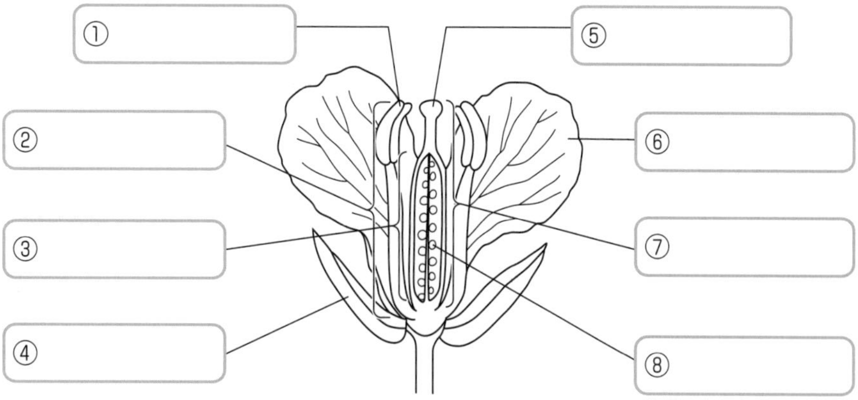

- 花粉がめしべの柱頭につくことを ⑨ という。

- 受粉すると，子房は ⑩ になり，胚珠は ⑪ になる。

CHECK 4

3 次の文の □ にあてはまることばを書きましょう。

- マツの花は ① と雄花に分かれている。

- マツの花には花弁やがくが ② 。

- マツの雌花には ③ がなく，④ がむき出しになって

いる。

- マツの雄花にある花粉が入っている部分を ⑤ という。

✏ 練習問題

1 図1のような顕微鏡(けんびきょう)を用いて，水中の小さな生物を観察した。
これについて，次の問いに答えましょう。

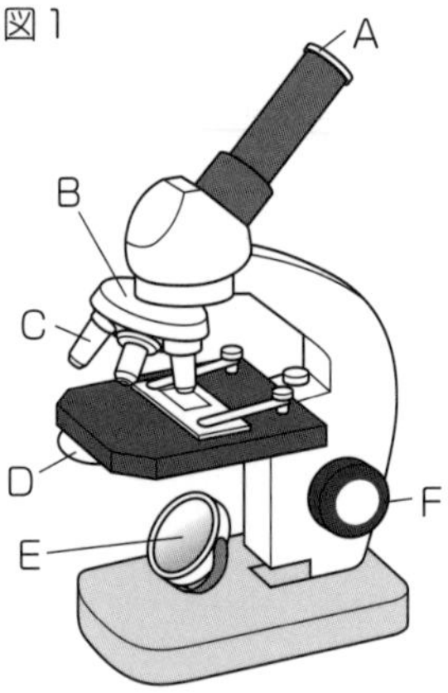

(1) 対物レンズは，はじめは低倍率，高倍率のどちらを使うとよいですか。

(2) 視野を明るくするために調節する部分はどこか。図1のA〜Fから2つ選びなさい。

(3) 接眼レンズと対物レンズのうち，先にとりつけるのはどちらですか。

(4) 次の文の①，②から正しいものを選びなさい。
顕微鏡のピントを合わせるときには，横から見ながらプレパラートと対物レンズをできるだけ①〔ア 近づけ イ 遠ざけ〕ておき，接眼レンズをのぞきながら対物レンズとプレパラートを②〔ア 近づけ イ 遠ざけ〕ていく。

① ②

(5) 図2は，観察で見られた水中の小さな生物である。この生物を何といいますか。

💡(6) 図2の生物を観察したとき，接眼レンズが15倍，対物レンズが10倍であった。このとき，顕微鏡の倍率は何倍ですか。

倍

図1

図2

2 次の問いに答えましょう。

(1) ルーペの使い方として正しいものを，次から1つ選びなさい。

ア イ ウ エ

(2) スケッチのしかたとして正しいものを，次から1つ選びなさい。

ア 細い線ではっきりかく。　　イ 影(かげ)をつけて立体的にかく。
ウ 線を重ねがきする。　　　　エ 背景や周囲のものもかく。

💡 **1** (6)顕微鏡の倍率は，「接眼レンズの倍率×対物レンズの倍率」だよ。

3 図１は，アブラナの花を各部分ごとにはがして台紙にはったものである。これについて，次の問いに答えましょう。

図１

A
B
C
D

(1) 図１のA～Dを，花の中心にあるものから順に並べなさい。

中心から順に，めしべ，おしべ，花弁，がくがあるよ。

[　　→　　→　　→　　]

(2) 図２は，図１のAの部分を縦に切って観察したスケッチである。図２のPは，受粉(じゅふん)して成長すると何になりますか。

[　　　　]

図２

P

STEP UP (3) 受粉とは何か。簡単に書きなさい。

[　　　　]

4 図１は，マツの花を観察し，スケッチしたものである。これについて，次の問いに答えましょう。

(1) 図１のX，Yのうち，雌花(めばな)はどちらですか。

[　　]

(2) 図１のA，Bのうち，雄花(おばな)はどちらですか。

[　　]

(3) 図１のC，Dをそれぞれ何といいますか。

C[　　　　]　D[　　　　]

(4) 図１のCは，受粉するとやがて何になりますか。

[　　　　]

STEP UP (5) 図２は，アブラナの花のつくりを表したものである。図１のDと同じはたらきをする部分はどこか。a～eから１つ選びなさい。

[　　]

図１

X
Y
A
りん片
C
B
りん片
D

図２

a
b
c
d
e

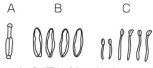

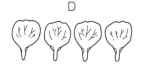

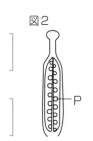

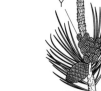

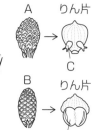

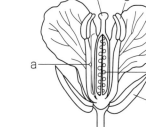

② 植物のからだのつくりとはたらき

根・茎・葉のつくりをおさえる

✔ チェックしよう！

 根のつくり

- 主根と側根…太い根（主根）と細い根（側根）からなる。
- ひげ根…たくさんの細い根が広がっている。
- 根毛…根の先端にある細い毛のようなもの。

〈根のつくり〉

主根 側根 ひげ根

ホウセンカ，アブラナなど。 トウモロコシ，イネなど。

 茎のつくり

- 道管…根から吸い上げられた水や水にとけた養分が通る管。
- 師管…葉でつくられた栄養分が通る管。
- 維管束……道管と師管が集まって，束のようになった部分。輪のように並ぶものと，散らばっているものがある。

〈茎の横断面〉

道管 師管 道管 師管

維管束

ホウセンカ，アブラナなど。 トウモロコシ，イネなど。

 葉のつくり

- 葉脈…葉にあるすじ。葉の維管束で，網状脈と平行脈がある。
- 細胞…小さな部屋のようなもの。
- 葉緑体…緑色の小さな粒。
- 気孔…葉の表皮にある三日月形の孔辺細胞に囲まれたすきま。

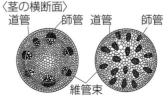

細胞 道管 師管 表側 葉緑体 葉脈（維管束） 気孔 裏側

気孔 孔辺細胞

網状脈 ホウセンカ，サクラなど。

平行脈 トウモロコシ，ツユクサなど。

 シダ植物とコケ植物

- シダ植物…胞子をつくってふえる。葉緑体をもち，光合成を行う。維管束をもち，根・茎・葉の区別がある。
- コケ植物…胞子をつくってふえる。葉緑体をもち，光合成を行う。維管束はなく，根・茎・葉の区別がない。からだの表面から水分をとり入れる。

〈イヌワラビ〉

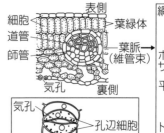

葉の裏側 葉 茎 根 胞子 胞子のう

〈スギゴケ〉

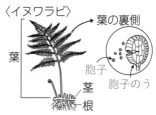
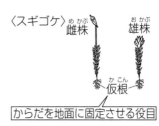

雌株 雄株 仮根

からだを地面に固定させる役目

確認問題

CHECK 1

1 次の図の根のつくりについて，[　　] にあてはまることばを書きましょう。

① [　　　　　　]

② [　　　　　　]

③ [　　　　　　]

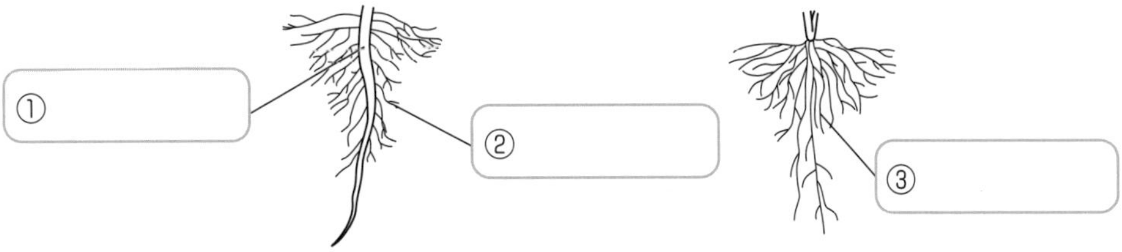

CHECK 1-2

2 次の文の [　　] にあてはまることばを書きましょう。

- 根の先端にある細い毛のようなものを ① [　　　　] という。

- 根から吸い上げた水や水にとけた養分が通る管を ② [　　　　]，

  葉でできた栄養分が通る管を ③ [　　　　] という。

- ②と③が集まって束のようになった部分を ④ [　　　　] という。

CHECK 3

3 次の文の [　　] にあてはまることばを書きましょう。

- 葉にあるすじを ① [　　　　] といい，葉の維管束で，② [　　　　] と

  ③ [　　　　] が通っている。

- 葉脈には，網<ruby>（あみ）</ruby>の目のようになった ④ [　　　　] 脈や平行に並んだ

  ⑤ [　　　　] 脈がある。

- 細胞の中に見られる緑色の小さな粒を ⑥ [　　　　] という。

- 葉の表皮にある三日月形の細胞に囲まれたすきまを ⑦ [　　　　] という。

- 葉に運ばれた水が，水蒸気となって出ていくことを ⑧ [　　　　] という。

CHECK 4

4 次の文の [　　] にあてはまることばを書きましょう。

- シダ植物やコケ植物は，種子をつくらず，① [　　　　] でふえる。

- シダ植物は，維管束をもち，② [　　　　] の区別がある。

- コケ植物は，水分をからだの ③ [　　　　] からとり入れている。

- コケ植物の ④ [　　　　] は，からだを地面に固定する役目がある。

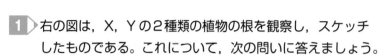

練習問題

1 右の図は，X，Yの2種類の植物の根を観察し，スケッチ
したものである。これについて，次の問いに答えましょう。

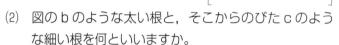

(1) 図の a のような細い根を何といいますか。

[　　　　　　　　　　]

(2) 図の b のような太い根と，そこからのびた c のよう
な細い根を何といいますか。

b[　　　　　] c[　　　　　]

(3) トウモロコシの根は，X，Yどちらのつくりになっていますか。 [　　　]

(4) 細い根の先端近くをよく観察すると，細い毛のようなものがたくさん生えていた。根
の先端に，このような細い毛のようなものがたくさんあることで，どのような利点が
あるか。簡単に書きなさい。

[　　　　　　　　　　　　　　　　　　　　　　　　　　　]

細い毛のようなものは，土の間のすきまに入りこむよ。

2 右の図は，ある植物の茎の横断面を観察したときのスケッチであ
る。これについて，次の問いに答えましょう。

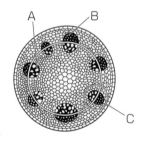

(1) A，Bの管をそれぞれ何といいますか。

A[　　　　　] B[　　　　　]

(2) 葉でつくられた栄養分が通るのは，A，Bのどちらですか。

[　　　　　]

(3) 根から吸い上げられた水や水にとけた養分が通るのは，A，Bのどちらですか。

[　　　　　]

(4) Cのように，AとBが集まって束のようになった部分を何といいますか。

[　　　　　]

(5) 図のような茎のつくりをもつ植物を，次から2つ選びなさい。
　　ア　アブラナ　　　イ　トウモロコシ
　　ウ　イネ　　　　　エ　ホウセンカ

[　　] [　　]

2 (2)(3)葉でつくられた栄養分は「師管」を，根から吸い上げられた水や水にとけた養分は「道管」を通るよ。

3 ▶ 右の図は，葉の断面をスケッチしたものである。
これについて，次の問いに答えましょう。

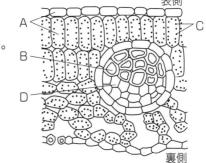

(1) Aの小さな部屋のようなものを何といいますか。

[   ]

(2) Bの管を何といいますか。

[   ]

(3) Cは緑色の小さな粒（つぶ）である。この緑色の粒を何といいますか。

[   ]

(4) Dの管にはどのようなはたらきがあるか。簡単に書きなさい。

[   ]

4 ▶ 図1は，イヌワラビのからだのようす，図2は，イヌワ
ラビのからだに見られた袋（ふくろ）のようなもの，図3は，ゼニ
ゴケの雌株（めかぶ）と雄株（おかぶ）のからだのようすを表したものである。
これについて，次の問いに答えましょう。

(1) 図1のA〜Cのうち，イヌワラビの茎を表している
のはどれですか。

[   ]

(2) 図2のX，Yをそれぞれ何といいますか。

X [   ]

Y [   ]

(3) イヌワラビはシダ植物のなかまである。
シダ植物のなかまを次から1つ選びなさい。

ア　ゼニゴケ　　イ　スギ　　ウ　イネ　　エ　ゼンマイ

[   ]

(4) ゼニゴケの特徴（とくちょう）として正しいものを，次から2つ選びなさい。

ア　葉緑体（ようりょくたい）をもつ。　　　　イ　水をからだの表面からとり入れる。

ウ　光合成を行わない。　　エ　維管束（いかんそく）をもつ。

オ　根・茎・葉の区別がある。

[   ] [   ]

(5) 図3のPにはどのような役目があるか。簡単に書きなさい。

[   ]

3 生物の分類
植物・動物を分類する

✔ チェックしよう！

CHECK 1 植物のなかま分け

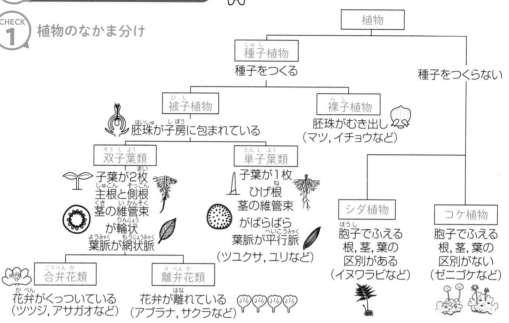

CHECK 2 動物のなかま分け

1. 脊椎動物…背骨をもつ動物

	生活場所	呼吸	ふえ方	体表
魚類	水中	えら	卵生	うろこ
両生類（カエルなど）	子：水中	子：えらと皮ふ	卵生	湿った皮ふ
	親：陸上	親：肺と皮ふ		
は虫類（ヤモリなど）	おもに陸上	肺	卵生	うろこ
鳥類	陸上	肺	卵生	羽毛
ほ乳類	おもに陸上	肺	胎生	毛

2. 無脊椎動物…背骨をもたない動物

・節足動物…かたい外骨格という骨格をもち，からだに多くの節がある。

（例）カブトムシ，チョウ，エビ，カニ，クモ，ムカデなど。

・軟体動物…骨格をもたず，内臓が外とう膜でおおわれている。

（例）タコ，イカ，アサリ，マイマイなど。

・その他…（例）ヒトデ，イソギンチャク，ミミズなど。

> 昆虫類や甲かく類，クモ類は節足動物だよ。

CHECK 1

1 次の図の種子植物の分類について，□ にあてはまることばを書きましょう。

```
                          種子植物
            ┌─────────────┴─────────────┐
          ①                            ②
    ┌───────┴───────┐              (マツ・イチョウなど)
  双子葉類            ③
┌────┴────┐      (ツユクサ・ユリなど)
④        離弁花類
(ツツジ，アサガオなど) (アブラナ・サクラなど)
```

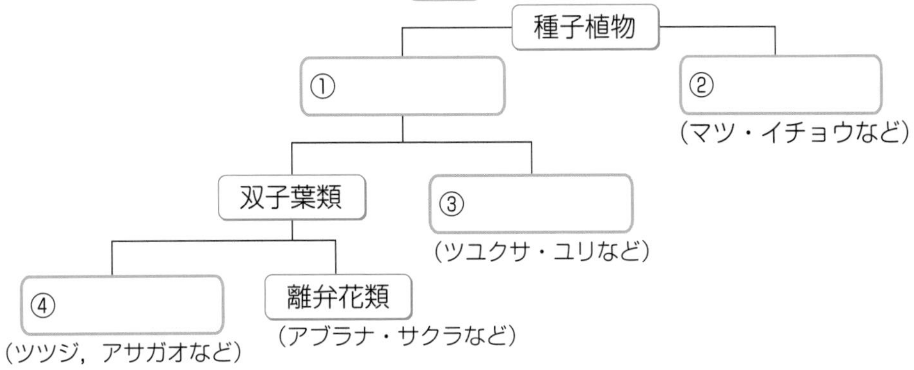

CHECK 1

2 次の文の □ にあてはまることばを書きましょう。

• 種子をつくる植物を ① _____ 植物といい，胚珠が子房で包まれている

植物を ② _____ 植物，包まれていない植物を ③ _____ 植物
という。

• 被子植物は，根に主根と側根をもつ ④ _____ 類と，ひげ根をもつ

⑤ _____ 類に分類される。

• 双子葉類は，花弁が1枚にくっついている ⑥ _____ 類と，花弁が離れ

ている ⑦ _____ 類に分類される。

• 種子をつくらない植物は ⑧ _____ をつくってなかまをふやす。

• シダ植物とコケ植物で，根・茎・葉の区別があるのは ⑨ _____ 植物で
ある。

CHECK 2

3 次の文の □ にあてはまることばを書きましょう。

• 親が卵を産んで，卵から子がかえる生まれ方を ① _____ という。一方，

母親の体内で少し育ってから産まれる方法を ② _____ という。脊椎動

物で②の産み方をするのは ③ _____ である。

• 両生類は，子のときは ④ _____ で生活し ⑤ _____ と皮ふで

呼吸するが，親は ⑥ _____ で生活し ⑦ _____ と皮ふで呼吸
する。

• 背骨をもたない動物を ⑧ _____ 動物という。

✎ 練習問題

1 右の図は，種子植物をその特徴によって分類したものである。これについて，次の問いに答えましょう。

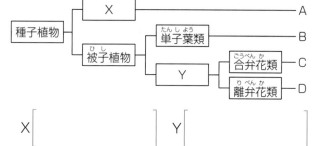

(1) 図の X，Y にあてはまることばを答えなさい。

X [   ]   Y [   ]

(2) A に分類される植物の特徴について説明した次の文の ☐ にあてはまることばを答えなさい。 [   ]

☐ がむき出しになっている。

(3) B に分類される植物の根のつくりと葉脈のようすについて正しいものを，次から1つ選びなさい。

ア 根はひげ根で，葉脈は網状脈である。
イ 根はひげ根で，葉脈は平行脈である。
ウ 根は主根と側根からなっていて，葉脈は網状脈である。   [   ]
エ 根は主根と側根からなっていて，葉脈は平行脈である。

(4) 次の①，②の植物をその特徴によって分類すると，A～D のどのなかまに分類されますか。

① [   ]   ② [   ]

① アサガオ   ② イチョウ

2 植物の分類について，次の問いに答えましょう。

(1) 種子植物を被子植物と裸子植物に分類したとき，裸子植物にはあてはまらず，被子植物だけにあてはまる特徴を，次から1つ選びなさい。

ア 光合成を行う。   イ 胚珠が種子になる。
ウ 子房がある。   エ 胚珠がむき出しになっている。   [   ]

(2) 次のア～オから種子植物をすべて選びなさい。

ア イチョウ   イ ゼンマイ   ウ ツツジ   エ ツユクサ   オ スギゴケ

種子植物は2種類に分けられたね。   [   ]

(3) 種子をつくらない植物のうち，維管束をもつ植物を何といいますか。   [   ]

(4) 被子植物の双子葉類のなかまであるサクラとツツジを，花弁のつき方のちがいからさらに2つに分類するとき，サクラの花弁の特徴を簡単に書きなさい。

[   ]

💡ヒント **3** (1)卵生は卵からかえる子のうまれ方，胎生はある程度親の子宮内で育ってからうまれるうまれ方だよ。

3 次の5種類の動物の表を見て，あとの問いに答えましょう。

ア	イ	ウ	エ	オ
ウサギ	カエル	サンマ	ハト	カメレオン

(1) 上の5種類の動物から，胎生（たいせい）のものを選びなさい。

[ ]

(2) イの動物が子から親になるときに変わることを簡単に書きなさい。

[ ]

(3) ア〜オの動物は共通して何をもっていますか。

[ ]

(4) ア，エ，オの動物はどこで呼吸しますか。

[ ]

(5) エやオの動物が殻（から）のある卵をうむ利点は何ですか。簡単に書きなさい。

[ ]

4 次の A〜F の背骨をもたない動物について，あとの問いに答えましょう。

A クモ	B ザリガニ	C タコ
D アサリ	E ミミズ	F カブトムシ

背骨がある動物は
5種類に分けられたね。

(1) A〜F のうち，からだが外骨格（がいこっかく）でおおわれ，からだや足に節があるものを，すべて選びなさい。

[ ]

(2) (1)の動物のなかまを何といいますか。

[ ]

(3) A〜F のうち，からだやあしに節はなく，内臓が外とう膜（まく）におおわれているものを，すべて選びなさい。

[ ]

(4) (3)の動物のなかまを何といいますか。

[ ]

1 細胞と消化・呼吸・循環のしくみ

消化・吸収のしくみと全身をめぐる血液の流れをおさえる

✔ チェックしよう!

CHECK 1 細胞のつくり

植物の細胞　共通のつくり　動物の細胞

細胞壁（さいぼうへき）
植物のからだを支えている。

液胞（えきほう）
不要な物質や水が入っている。

葉緑体（ようりょくたい）
光合成が行われる。

細胞膜（さいぼうまく）
細胞質のいちばん外側にあるうすい膜。

核（かく）
染色液によく染まる。

〈呼吸〉
酸素＋栄養分

二酸化炭素＋水

※核と細胞壁以外の部分を細胞質という。

CHECK 2 栄養分を消化・吸収するしくみ

> どの物質にどの消化酵素がはたらくのかを覚えよう！

だ液中の消化酵素（しょうかこうそ）	胃液中の消化酵素	すい液中の消化酵素	小腸の壁（かべ）の消化酵素
アミラーゼ	ペプシン		

デンプン → ブドウ糖 → 毛細血管（かんぞう）→ 肝臓へ

タンパク質 → アミノ酸

胆汁（たんじゅう）

脂肪（しぼう） → 脂肪酸 → リンパ管 → 血管へ

モノグリセリド → 再び脂肪になる。

※胆汁は，消化酵素をふくまないが，脂肪の消化を助けるはたらきがある。

柔毛（じゅうもう）
毛細血管
リンパ管

CHECK 3 肺（はい）のつくり

・肺は，細かく枝分かれした気管支と，その先につながる多数の肺胞（はいほう）からなっている。

・肺胞で，空気中から酸素が血液の中にとり入れられ，二酸化炭素が血液から出される。

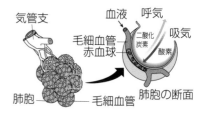

気管支　血液　呼気　吸気
毛細血管　二酸化炭素　酸素
赤血球
肺胞　毛細血管　肺胞の断面

CHECK 4 血液の循環（じゅんかん）と血管

・**肺循環**（はいじゅんかん）…心臓から送り出された血液が肺を通り，再び心臓にもどる。

・**体循環**（たいじゅんかん）…心臓から送り出された血液が全身をめぐり，再び心臓にもどる。

・**動脈**…心臓から送り出された血液が流れる。

・**静脈**（じょうみゃく）…心臓にもどる血液が流れる。

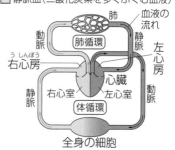

■ 動脈血（酸素を多くふくむ血液）
□ 静脈血（二酸化炭素を多くふくむ血液）

肺　血液の流れ
動脈　肺循環　静脈　左心房（しんぼう）
右心房（うしんぼう）　心臓
静脈　右心室　左心室　動脈
体循環
全身の細胞

確認問題

CHECK 1

1 次の文の　　　にあてはまることばを書きましょう。

- 細胞呼吸では，①　　　と栄養分から，②　　　をつくり出す。
- 細胞呼吸のときには，不要な ③　　　と ④　　　ができるので，これは細胞の外に排出(はいしゅつ)される。

CHECK 2

2 消化について，次の　　　にあてはまることばを書きましょう。

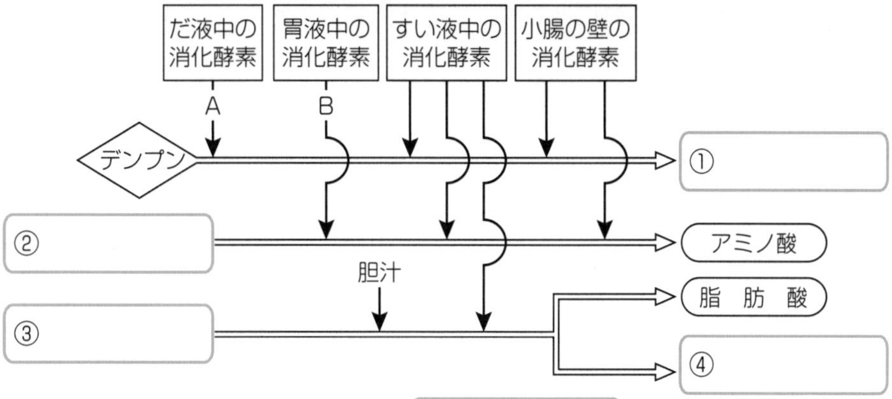

だ液中の消化酵素
胃液中の消化酵素
すい液中の消化酵素
小腸の壁の消化酵素
A
B
デンプン
①
②
アミノ酸
胆汁
脂肪酸
③
④

- だ液中にふくまれる消化酵素Aは ⑤　　　である。
- 胃液中にふくまれる消化酵素Bは ⑥　　　である。

3 血液の成分を模式的に表した次の図の，　　　にあてはまることばを書きましょう。

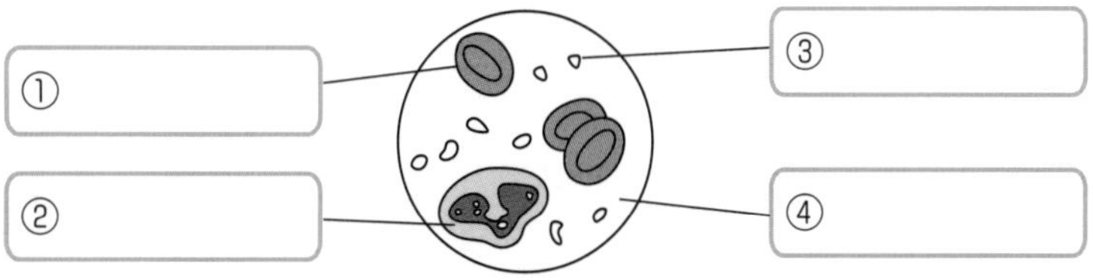

①
②
③
④

CHECK 4

4 次の文の　　　にあてはまることばを書きましょう。

- 心臓から送り出されて肺を通り，再び心臓にもどる血液の経路を ①　　　といい，心臓から送り出されて全身をめぐり，再び心臓にもどる血液の経路を ②　　　という。
- ③　　　には心臓から送り出された血液が流れ，④　　　には心臓にもどる血液が流れる。
- 動脈血は ⑤　　　を多くふくみ，静脈血は ⑥　　　を多くふくむ。

✎ 練習問題

1 ▷ 右の図は，植物の細胞の模式図である。これについて，次の問いに答えましょう。

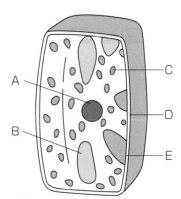

(1) Aは，ふつう細胞に1個あり，酢酸カーミン溶液や酢酸オルセイン溶液などの染色液によく染まるつくりである。Aを何といいますか。

[　　　　　　　　]

(2) Bの中には，細胞の活動にともなってできた物質や水が入っている。Bを何といいますか。

[　　　　　　　　]

(3) Cのはたらきとして正しいものを，次から1つ選びなさい。

ア　からだを支える。

イ　物質を貯蔵する。

ウ　酸素を使って，養分からエネルギーをとり出す。

エ　光合成を行う。

> Cは緑色をした粒で，デンプンをつくるはたらきをしているよ。

[　　　　]

(4) A〜Eのうち，動物の細胞にも見られるつくりはどれか。すべて選びなさい。

[　　　　　　　　]

2 ▷ 右の図は，ヒトの消化に関わるある器官のひだと，ひだにある小さな突起の断面を表したもので，消化された栄養分が吸収されるつくりである。これについて，次の問いに答えましょう。

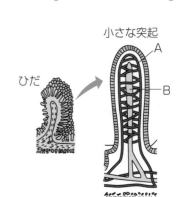

(1) 図のようなひだにある小さな突起を何といいますか。

[　　　　　　　　]

💡(2) 図のA，Bの管を何といいますか。

A [　　　　　] 　B [　　　　　

(3) 図のAの管に吸収された栄養分は，まずある器官に運ばれ，たくわえられたり別の物質につくり変えられたりする。この器官の名称を答えなさい。

[　　　　　　　　]

(4) 図のような小さな突起があることによって，栄養分をより効率よく吸収することができる。その理由を簡単に書きなさい。

[　　　　　　　　

18　💡 **2** ▷ (2) Aにはブドウ糖とアミノ酸が，Bには脂肪酸とモノグリセリドがふたたび脂肪になったものが入るよ。

3 右の図は，ヒトの血液循環のようすを模式的に表した
もので，矢印は血液の流れる方向を示している。これ
について，次の問いに答えましょう。

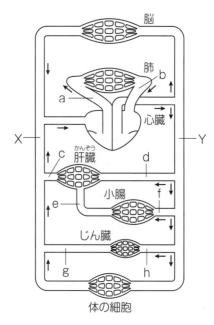

(1) 図のa～hのうち，ブドウ糖などの栄養分を最も
多くふくむ血液が流れている血管はどれですか。

[   ]

(2) 図の血管X，Yについて述べた文として正しい
ものを，次から1つ選びなさい。

　ア　血管Xは動脈，血管Yは静脈である。
　イ　血管Xは静脈，血管Yは動脈である。
　ウ　血管Xも血管Yも動脈である。
　エ　血管Xも血管Yも静脈である。

血管Xは心臓にもどる血液が流れ，
血管Yは心臓から送り出された
血液が流れているね。

[   ]

(3) 血管aを流れる血液について述べた文として正しいものを，次から1つ選びなさい。

　ア　酸素を多くふくむ動脈血である。
　イ　酸素を多くふくむ静脈血である。
　ウ　二酸化炭素を多くふくむ動脈血である。
　エ　二酸化炭素を多くふくむ静脈血である。

[   ]

4 右の図は，ヒトの肺を模式的に表したものである。これに
ついて，次の問いに答えましょう。

(1) 気管支の先につながっている多数の袋Xを何といい
ますか。

[   ]

(2) Xの中でのようすについて述べた次の文の [   ] に
あてはまることばを答えなさい。

Xの中では，空気中の ① が毛細血管にとり入れられ， ② が毛細血管から出
されるという，気体の交換が行われている。

① [   ]　② [   ]

(3) 図の血管Aと血管Bでは，どちらがたくさんの酸素をふくんでいますか。

肺のはたらきを
考えてみよう。

[血管   ]

(4) 肺が図のような多くの小さな袋からできていることで，どのような利点があるか。簡
単に書きなさい。

[   ]

2 刺激と反応

意識して起こす反応と反射のちがいを理解する

✔ チェックしよう！

 目のつくりとはたらき

- レンズ（水晶体）…光を屈折させ，網膜上に像を結ぶ。
- 虹彩…レンズに入る光の量を調節する。
- 網膜…像を結び，光の刺激を受けとる。

 耳のつくりとはたらき

- 鼓膜…音をとらえて振動する。
- 耳小骨…振動を大きくして，うずまき管へ伝える。
- うずまき管…中の液体を振動させ，音の刺激を受けとる。

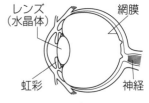

 神経系のつくり

- 中枢神経…脳，せきずい
- 末しょう神経…感覚神経，運動神経

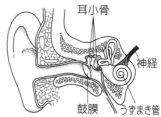

 刺激と反応

1. 意識して起こす反応
   - 皮ふで刺激を受けたとき

     感覚器官→感覚神経→せきずい→脳
     →せきずい→運動神経→筋肉
   - 目で刺激を受けたとき

     感覚器官→感覚神経→脳→せきずい→運動神経→筋肉
2. 無意識に起こる反応…反射

   感覚器官→感覚神経→せきずい→運動神経→筋肉

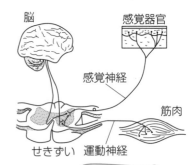

刺激を受けとる器官を感覚器官というよ。

 運動のしくみ

- 骨格…ヒトのからだは多数の骨でできていて，この骨が複雑なしくみの骨格をつくっている。
- 関節…骨と骨は関節でつながっている。
- けん…骨についている筋肉の両端の丈夫なつくり。関節をまたいだ2つの骨についている。
- 内骨格…ヒトの骨格のように，からだの内部にある骨格のこと。

ヒトの体には約200個の骨があるよ。

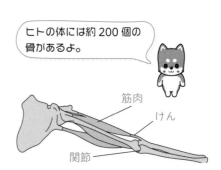

CHECK 1

1 ヒトの目の断面を模式的に表した，次の図の □ にあてはまることばを書きましょう。

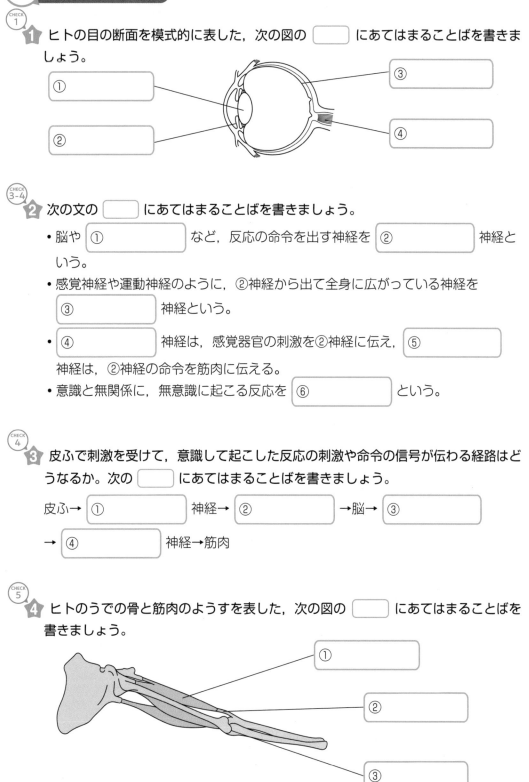

① 　　　　　　
② 　　　　　　
③ 　　　　　　
④ 　　　　　　

CHECK 3-4

2 次の文の □ にあてはまることばを書きましょう。

・脳や ① 　　　　　　 など，反応の命令を出す神経を ② 　　　　　　 神経という。

・感覚神経や運動神経のように，②神経から出て全身に広がっている神経を ③ 　　　　　　 神経という。

・ ④ 　　　　　　 神経は，感覚器官の刺激を②神経に伝え， ⑤ 　　　　　　 神経は，②神経の命令を筋肉に伝える。

・意識と無関係に，無意識に起こる反応を ⑥ 　　　　　　 という。

CHECK 4

3 皮ふで刺激を受けて，意識して起こした反応の刺激や命令の信号が伝わる経路はどうなるか。次の □ にあてはまることばを書きましょう。

皮ふ→ ① 　　　　　　 神経→ ② 　　　　　　 →脳→ ③ 　　　　　　
→ ④ 　　　　　　 神経→筋肉

CHECK 5

4 ヒトのうでの骨と筋肉のようすを表した，次の図の □ にあてはまることばを書きましょう。

① 　　　　　　
② 　　　　　　
③

✏ 練習問題

1▶ 図1は，ヒトの目の断面を模式的に表したものである。
これについて，次の問いに答えましょう。

図1

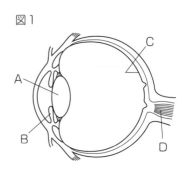

(1) 目は光の刺激(しげき)を受けとる器官である。目のように刺
激を受けとる器官を何といいますか。

[　　　　　　　]

(2) 次の①～③のはたらきをする部分はどこか。図１のA～Dからそれぞれ選びなさい。
また，その部分の名称(めいしょう)を答えなさい。

① 像を結び，光の刺激を受けとる。

記号[　　　]　名称[　　　]

② 光を屈折(くっせつ)させて像を結ばせる。

記号[　　　]　名称[　　　]

③ 目に入る光の量を調節する。

記号[　　　]　名称[　　　]

💡ヒント(3) 図2は，正面から見たヒトの目を表したものである。ひとみの大き
さは，暗いところではどうなるか。次から１つ選びなさい。

図2

ア 大きくなる。　　イ 小さくなる。　　ウ 変わらない。

[　　　]

2▶ 右の図は，ヒトのうでの骨と筋肉のようすを
表したものである。これについて，次の問
いに答えましょう。

骨と筋肉がつながっているしくみで，
ヒトのからだは動くことができるよ。

(1) 骨と骨がつながっている部分を何といい
ますか。

[　　　　　　　]

(2) 筋肉の両端(りょうたん)にある，骨とつながる部分を何といいますか。

[　　　　　　　]

(3) ヒトには約何個の骨があるか。次から１つ選びなさい。

ア 20　　　イ 200
ウ 2000　　エ 20000

[　　　]

(4) うでを曲げるとき，図のA，Bの筋肉はどのようになるか。次から１つ選びなさい。

ア AもBも収縮する。

イ AもBもゆるむ。

ウ Aは収縮し，Bはゆるむ。

エ Aはゆるみ，Bは収縮する。

[　　　]

💡ヒント **1**▶(3)暗いところでは，目が受けとる光の量をふやさなければならないよ。

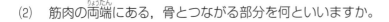

3 ▶ 右の図は，ヒトの神経を模式的に表したもので
ある。これについて，次の問いに答えましょう。

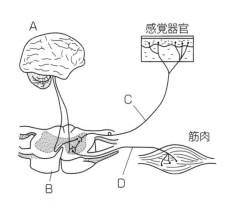

(1) AやBはからだの中で命令を行う役割があ
る。これらをまとめて何神経といいますか。

[   ] 神経

(2) 図のBを何というか。名称を答えなさい。

[   ]

(3) 図のC，Dの神経を何というか。それぞれ名称を答えなさい。

C [   ] D [   ]

(4) 「手をにぎられたのでにぎり返した」という反応の刺激や命令の信号の経路として正
しいものを，次から1つ選びなさい。

この反応は意識して
起こしているよ。

　ア　感覚器官→C→B→D→筋肉

　イ　感覚器官→C→B→A→B→D→筋肉

　ウ　筋肉→D→B→A→B→C→感覚器官

　エ　筋肉→D→B→C→感覚器官

[   ]

4 ▶ 「熱いものにふれたとき，思わず手を引っこめた。」という反応は無意識に起こる反応であ
る。この反応について，次の問いに答えましょう。

(1) 刺激に対して無意識に起こる反応を何といいますか。

[   ]

(2) 意識して起こす反応と無意識に起こる反応のうち，
より短い時間で反応が起こるのはどちらですか。

[   ]

(3) (1)の反応として正しいものを，次からすべて選びなさい。

　ア　うしろから名前を呼ばれたのでふり向いた。

　イ　自動車が近づいてきたので，道の端（はし）へよけた。

　ウ　暗いところから明るいところに出ると，ひとみが小さくなった。

　エ　虫にさされてかゆいと感じたので，手で虫を追いはらった。

　オ　食べ物を口に入れると，だ液が出てきた。

[   ]

無意識に起こる反応に，
脳は関係していないんだよ。

① 物質の性質

密度を求められるようにする

✓ チェックしよう！

CHECK 1 有機物と無機物

・有機物…炭素をふくむ物質。加熱すると燃えて二酸化炭素が発生する。有機物には，ふつう水素もふくまれており，燃えると水ができる。
（例）木，ゴム，プラスチックなど。

・無機物…有機物以外の物質。（例）食塩，鉄，木炭など。

CHECK 2 金属と非金属

・金属…鉄などの物質。電気をよく通す，みがくと光沢が出る（金属光沢），引っ張ると細くのびる，たたくとうすく広がる，熱をよく伝えるなどの性質がある。

・非金属…金属以外の物質。（例）ガラス，木など。

磁石につくのは鉄など一部の金属だけだよ。

CHECK 3 密度

・物質1cm³ あたりの質量を密度という。

・密度は物質によってその大きさがちがう。つまり，密度で物質を区別できる。

$$物質の密度〔g/cm³〕 = \frac{物質の質量〔g〕}{物質の体積〔cm³〕}$$

密度の単位は，g/cm³（グラム毎立方センチメートル）と読むよ。

CHECK 4 ガスバーナーの使い方

＜火をつけるとき＞

① 2つのねじがしまっていることを確認する。

② ガスの元栓を開き，マッチに火をつけ，ガス調節ねじを少しずつ開き，点火する。

③ ガス調節ねじで炎を適当な大きさにする。

④ ガス調節ねじを押さえながら，空気調節ねじを開き，青色の炎にする。

＜火を消すとき＞

空気調節ねじ→ガス調節ねじ→元栓の順に閉じる。

〈ガスバーナー〉

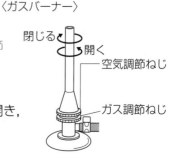

閉じる
開く
空気調節ねじ
ガス調節ねじ

CHECK 5 メスシリンダーの使い方

・液体の体積をはかる器具で，水平なところに置いて使う。

・真横から液面の平らな部分を，最小目盛りの $\frac{1}{10}$ まで目分量で読みとる。

〈メスシリンダー〉

確認問題

CHECK 1-2

1 次の文の ☐ にあてはまることばを書きましょう。

• 砂糖やプラスチックのように，炭素をふくみ，加熱すると燃えて二酸化炭素と水

　が発生する物質を ①［　　　　　　　　　］，①以外の物質を

　②［　　　　　　　　　］という。

• 鉄や銅などの ③［　　　　　　　　　］は，④［　　　　　　　　　］をよく通す，

　みがくと光る，引っ張ると細くのびる，たたくとうすく広がる，熱をよく伝える

　などの性質がある。

• ガラスや木などの③以外の物質を ⑤［　　　　　　　　　］という。

• アルミ缶とスチール缶を区別するために磁石を近づけると，

　⑥［　　　　　　　　　］は磁石につかなかった。

CHECK 3

2 次の文の ☐ にあてはまることばを書きましょう。

• 物質 1cm³ あたりの質量を ①［　　　　　　　　　］という。

• 物質の密度＝ $\dfrac{②［\qquad\qquad］}{③［\qquad\qquad］}$ で求めることができる。

CHECK 3

3 次の問いに答えましょう。

(1) 質量 20g，体積 50cm³ の物質の密度を求めなさい。

　　　　　　　　　　　　　　　　　　　　　　　［　　　　　　］ g/cm³

(2) アルミニウムの密度は 2.7g/cm³ である。アルミニウム
　　50cm³ の質量を求めなさい。　　　　　　　　　［　　　　　　］ g

(3) 水の密度は，1.00g/cm³ である。密度が 1.12g/cm³ の
　　物質は，水に浮きますか，沈みますか。　　　　［　　　　　　］

CHECK 4-5

4 次の文の ☐ にあてはまることばや数を書きましょう。

• ガスバーナーの火を消すときは，①［　　　　　　　　　］ねじ→

　②［　　　　　　　　　］ねじ→元栓の順に閉じる。

• メスシリンダーの目盛りを読みとるときは，真横から液面の平らな部分を，最小

　目盛りの ③［　　　　　　　　　］まで目分量で読みとる。

✎ 練習問題

1 ▶ 右の図のように，木片を燃焼さじにとり，集気び
んの中に入れて燃焼させ，火が消えたらとり出し，
集気びんに石灰水を入れよく振った。これについ
て，次の問いに答えましょう。

木片

石灰水

(1) 木片が燃えると，集気びんの内側が白くく
もった。これは，何ができたからですか。

[   ]

(2) 木片が燃えたあと，石灰水を集気びんに入れて振ると，石灰水はどのように変化しま
したか。

有機物は，燃えると
何が発生するかな？

[   ]

(3) (2)の結果から，木片が燃えたあと，何という気体が
発生したことがわかりますか。

[   ]

(4) 燃えると(3)が発生する物質を，何といいますか。

[   ]

💡(5) 次の物質のうち，無機物であるものをすべて選びなさい。
酸素，エタノール，砂糖，食塩，プラスチック，プロパン，紙，ろう，水

[   ]

2 ▶ ガスバーナーの使い方について，次の問いに答えましょう。

(1) ガスバーナーに火をつけるときの順に，次のア～オを並べかえなさい。
　　ア　マッチに火をつけ，ガス調節ねじを開いて点火する。
　　イ　空気調節ねじを開く。
　　ウ　ガス調節ねじで炎の大きさを調節する。
　　エ　ガス調節ねじと空気調節ねじがしまっていることを確認する。
　　オ　ガスの元栓を開く。

[　　→　　→　　→　　→　　]

(2) 右の図で，炎の色がオレンジ色のとき，青い色の炎にする操
作として正しいものを，次から1つ選びなさい。
　　ア　aのねじを押さえて，bのねじをAの方向に回す。
　　イ　aのねじを押さえて，bのねじをBの方向に回す。
　　ウ　bのねじを押さえて，aのねじをAの方向に回す。
　　エ　bのねじを押さえて，aのねじをBの方向に回す。

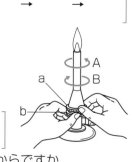

A
B
a
b

(3) (2)で，炎の色がオレンジ色になるのは，何の量が不足しているからですか。

[   ]

💡 **1** ▶ (5)無機物は燃やしても二酸化炭素が発生しないよ。

3 メスシリンダーの使い方について，次の問いに答えましょう。

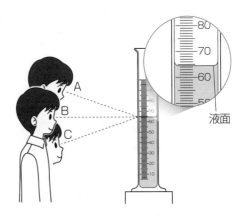

(1) メスシリンダーの目盛りを読むときの正しい目の位置を，図のA～Cから1つ選びなさい。

$$\left[\right]$$

(2) メスシリンダーに入っている液体の体積は何 cm³ ですか。

$$\left[\text{cm}^3\right]$$

液面

4 すべての金属にあてはまる性質としてまちがっているものを，次から1つ選びましょう。

ア みがくと光沢が出る。

イ たたくと広がり，引っ張るとのびる。

ウ 電気をよく通し，熱が伝わりやすい。

エ 磁石につく。

身近な金属だと鉄などがあるね。

$$\left[\right]$$

5 物質Pの体積は 7.0cm³，質量は 62.7g である。表は，いろいろな物質の密度を表したもので，物質Pは表のいずれか1種類の物質でできている。これについて，次の問いに答えましょう。

(1) 物質Pの密度を小数第2位まで求めなさい。

$$\left[\text{g/cm}^3\right]$$

	物質の密度〔g/cm³〕
固体	金　　19.32
	銅　　8.96
	鉄　　7.87
	ポリプロピレン　　0.90
液体	水　　1.00
	水銀　　13.55

(2) 物質Pの物質名を，表を参考にして答えなさい。

$$\left[\right]$$

(3) 表の物質の中で，水に入れたときに浮く固体はどれですか。

$$\left[\right]$$

(1)密度を求める式を変形してみよう。

(4) 表の物質の中で，水銀に入れたときに沈む物質はどれか。正しい組み合わせを，次から1つ選びなさい。

液体と物質の密度を比べてみよう。

ア 金，銅，鉄，ポリプロピレン　　イ 金，銅，鉄

ウ 金，銅　　　　　　　　　　　　エ 金

$$\left[\right]$$

(5) 密度について述べた文として正しいものを，次から1つ選びなさい。

ア 密度は物質を区別する手がかりとなる。

イ 同じ体積で比べたとき，質量が小さいほうが密度が大きい。

ウ 同じ質量で比べたとき，体積が大きいほうが密度が大きい。

エ 液体に浮かぶ物質の密度は，その液体の密度より大きい。

$$\left[\right]$$

スマホでサクッとチェック：P2

2 気体の性質

気体の性質に合わせた集め方と気体の発生に必要な物質を覚える

✓ チェックしよう！

CHECK 1 気体の集め方

- 水上置換（法）…水にとけにくい気体を集める。酸素，水素，二酸化炭素など。
- 上方置換（法）…水にとけやすく，空気より軽い気体を集める。アンモニアなど。
- 下方置換（法）…水にとけやすく，空気より重い気体を集める。二酸化炭素など。

水上置換（法）　　　上方置換（法）　　　下方置換（法）

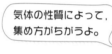
気体の性質によって，集め方がちがうよ。

CHECK 2 いろいろな気体の性質

- 酸素…水にとけにくく，空気よりも少し重い。無色無臭。ものを燃やす性質（助燃性）がある。
- 二酸化炭素…水に少しとけ，空気よりも重い。無色無臭で，石灰水を白くにごらせる。
- 水素…水にとけにくく，空気よりも軽い。無色無臭で，火をつけると燃えて水ができる。
- アンモニア…水によくとけ，空気よりも軽い。無色で，刺激臭がある。

CHECK 3 いろいろな気体の発生

- 酸素…二酸化マンガンにうすい過酸化水素水（オキシドール）を加えると発生する。
- 二酸化炭素…石灰石にうすい塩酸を加えると発生する。
- 水素…亜鉛などの金属にうすい塩酸を加えると発生する。
- アンモニア…塩化アンモニウムと水酸化カルシウムの混合物を加熱すると発生する。

うすい過酸化水素水
酸素
二酸化マンガン

うすい塩酸
亜鉛などの金属
水素

気体と，その気体を発生させるために必要な物質を覚えよう。

確認問題

CHECK 1

1 気体の集め方について，□にあてはまることばを書きましょう。

① ② ③

[   ] 法　　　　[   ] 法　　　　[   ] 法

CHECK 2

2 気体の性質について，□にあてはまることばを書きましょう。

- アンモニアは，空気より ① [   ] く，水にとけ ② [   ] 。

- 二酸化炭素は，空気より ③ [   ] く，④ [   ] を白くにごらせる。

- 水素は，空気より ⑤ [   ] く，水にとけ ⑥ [   ] 。また，火をつけると燃えて ⑦ [   ] ができる。

CHECK 3

3 次の文の□にあてはまることばを書きましょう。

- 石灰水にうすい塩酸を加えると，① [   ] が発生する。

- 酸素は，二酸化マンガンに ② [   ] を加えると発生する。

- 亜鉛などの金属に ③ [   ] を加えると水素が発生する。

- 塩化アンモニウムと水酸化カルシウムの混合物を加熱すると ④ [   ] が発生する。

CHECK 3

4 次の□にあてはまることばを書きましょう。

酸素の発生方法

① [   ]

② [   ]

1 ▷ 右の図のような装置で，気体を発生させた。これについて，次の問いに答えましょう。

(1) 酸素を発生させるとき，A，Bにそれぞれ何を加えますか。

A [   ]   B [   ]

💡(2) 酸素の性質として正しいものを，次から1つ選びなさい。

　　ア　石灰水を白くにごらせる。
　　イ　空気中の体積の約80%をしめる。
　　ウ　マッチの火を近づけると，ポンという音を出して燃える。
　　エ　火のついた線香を入れると，線香が激しく燃える。

[   ]

(3) 水素を発生させるとき，A，Bにそれぞれ何を加えるか。正しい組み合わせを，次から1つ選びなさい。

　　ア　A：うすい塩酸　B：二酸化マンガン
　　イ　A：うすい塩酸　B：亜鉛
　　ウ　A：うすい過酸化水素水　B：石灰石
　　エ　A：うすい過酸化水素水　B：マグネシウム

[   ]

💡(4) 水素の性質として正しいものを，(2)のア〜エから1つ選びなさい。

[   ]

2 ▷ 右の図のような装置で，気体を発生させた。これについて，次の問いに答えましょう。

(1) この実験で，発生する気体は何ですか。

[   ]

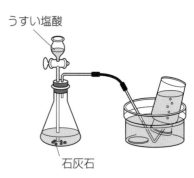
うすい塩酸
石灰石

(2) (1)の気体の性質として正しいものを，次から1つ選びなさい。

　　ア　刺激臭があり，空気より軽い。
　　イ　空気より少し軽く，水にとけにくい。
　　ウ　無色無臭で，水に非常にとけやすい。
　　エ　無色無臭で，空気より少し重い。

[   ]

実験で発生させた気体の性質について，考えてみよう。

(3) (1)の気体が発生したことを確認する方法と結果を簡単に書きなさい。

[   ]

💡 **1** ▷ (2)(4)酸素にはものを燃やすはたらきがあって，水素は気体自体が燃えて水ができる性質があるよ。

3 気体の性質について，正しいものを1つ選びましょう。

　ア　アンモニアは無色無臭で，水にとけやすい。

　イ　水素は刺激臭をもち，空気よりも軽い。

　ウ　二酸化炭素は無色無臭で，空気より軽い。

　エ　二酸化炭素は，水に少しとける。

[　 　]

4 右の図は，気体を集める方法を表したものです。
これについて，次の問いに答えましょう。

A　　　　B　　　　C

(1)　Aの集め方を何といいますか。

[　 　]

(2)　Aはどのような気体を集めるのに適していますか。

[　 　]

(3)　Bの集め方を何といいますか。

[　 　]

(4)　Bで集めるのに適した気体の特徴を2つ答えなさい。

[　 　]　[　 　]

(5)　Cの集め方を何といいますか。

[　 　]

(6)　Cで集めるのに適した気体の特徴を2つ答えなさい。

[　 　]　[　 　]

> 気体の集め方は，空気と比べたときの重さと水へのとけやすさで決まるよ。

(7)　次の気体は，図のA〜Cのどの方法で集めるのが適しているか。記号で答えなさい。

水素 [　]　　酸素 [　]　　アンモニア [　]

(8)　次の文の①，②から正しいものを選びなさい。

二酸化炭素は，水に①[　ア　少しだけとけ　　イ　ほとんどとけず　]，
空気よりも②[　ア　軽い　　イ　重い　]ため，水上置換法と下方置換法の2つの
集め方で集めることができる。

① [　 　]　　② [　 　]

③ 水溶液の性質

質量パーセント濃度の求め方と溶解度曲線の読みとり方をおさえる

チェックしよう!

CHECK 1 物質の溶解

- 溶液…物質がとけている液全体。水に物質が
  とけた液全体を水溶液という。
  （例）食塩水の場合は食塩水。
- 溶質…溶液にとけている物質。
  （例）食塩水の場合は食塩。
- 溶媒…溶質をとかしている液体。（例）食塩水の場合は水。

水（溶媒）／食塩水（水溶液）／食塩（溶質）

CHECK 2 溶液中の溶質の状態

- 溶質は，小さな粒子となって，溶液中に一様に散らばっている。
- 溶液のどの部分をとっても濃さは同じである。
- 溶液を放置しておいても，とけている物質が出てくることはない。

溶質が溶媒にとけることを溶解というよ。

溶質の粒子

CHECK 3 質量パーセント濃度

溶液にふくまれている溶質の質量の割合を百分率（%）で表したもの。

$$質量パーセント濃度〔\%〕= \frac{溶質の質量〔g〕}{溶液の質量〔g〕} \times 100$$

$$= \frac{溶質の質量〔g〕}{溶媒の質量〔g〕+溶質の質量〔g〕} \times 100$$

CHECK 4 飽和水溶液と溶解度

- 飽和水溶液…物質がそれ以上とけることができな
  い水溶液。
- 溶解度…100gの水にそれ以上とけることができ
  ない物質の質量。溶解度と温度の関係のグラフを
  溶解度曲線という。

グラフの読み方を理解しよう。

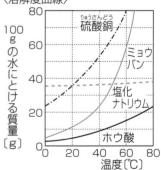

〈溶解度曲線〉

硫酸銅／ミョウバン／塩化ナトリウム／ホウ酸

100gの水にとける質量〔g〕／温度〔℃〕

CHECK 5 再結晶

- 結晶…規則正しい形をした固体。
- 再結晶…固体の物質をいったん溶媒にとかし，
  溶解度の差などを利用して，再び結晶としてと
  り出すこと。

出てきた結晶はろ過に
よって固体と液体に
分けられるよ。

CHECK 1

1 次の文の ☐ にあてはまることばを書きましょう。

- 物質がとけている液全体を ① ☐ という。特に，水に物質がとけた
  ①を ② ☐ という。

- ①にとけている物質を ③ ☐ という。

- ③をとかしている液体を ④ ☐ という。

- 食塩水の場合，食塩が ⑤ ☐ ，水が ⑥ ☐ ，食塩水が
  ⑦ ☐ である。

CHECK 3

2 次の文の ☐ にあてはまることばを書きましょう。

溶液にふくまれている ① ☐ の質量の割合を百分率（%）で表したもの
を ② ☐ という。

CHECK 3

3 次の問いに答えましょう。

(1) 水 180g に塩化ナトリウム 20g をとかした塩化ナトリウ
ム水溶液の質量パーセント濃度は何%ですか。 ☐ %

(2) 3%の砂糖水 80g にとけている砂糖は何gですか。 ☐ g

(3) 塩化ナトリウム 50g がとけている塩化ナトリウム水溶液
250g の質量パーセント濃度は何%ですか。 ☐ %

CHECK 4-5

4 次の文の ☐ にあてはまることばを書きましょう。

- 物質がそれ以上とけることができない水溶液を ① ☐ という。

- 100g の水にそれ以上とけることができない物質の質量を
  ② ☐ という。

- 規則正しい形をした固体を ③ ☐ という。

- 固体の物質をいったん溶媒にとかし，溶解度の差などを利用して再び結晶として
  とり出すことを ④ ☐ という。

- ろ紙などを使って液体と固体を分けることを ⑤ ☐ という。

- ⑤では，ろうとのあしの ⑥ ☐ ほうをビーカーの壁にあて，液体を
  ガラス棒に伝わらせて注ぐ。

✎ 練習問題

1 右の図のように，水の中に砂糖のかたまりを入れて，長時間置いておくと，砂糖は少しずつとけはじめた。これについて，次の問いに答えましょう。

砂糖

(1) 砂糖水のような水溶液で，水のように，とかしている液体を何といいますか。　　　　　　　　　　　[　　　　　　　　]

(2) このまま長時間置いておくと，砂糖のかたまりはどのようになっていくか。正しいものを，次から 1 つ選びなさい。

　ア　砂糖のかたまりの一部はとけるが，大部分は残る。

　イ　このままではとけないので，かき混ぜると完全にとける。

　ウ　長時間置くと，かき混ぜなくても完全にとけて均一の濃さの砂糖水ができる。

　エ　長時間置くと，かき混ぜなくても完全にとけるが，水溶液の下のほうが濃くなる。

　　　　　　　　　　　　　　　　　　　　　　　　　　　　　[　　　　　]

(3) 水溶液の性質として正しいものを，次から 1 つ選びなさい。

　ア　水溶液の濃さは，どこでも同じである。

　イ　水溶液は，どれも無色透明である。

　ウ　水溶液には，色がついていたりにごったりしているものもある。　　　[　　　　　]

2 次の問いに答えましょう。

(1) 水 85g に塩化ナトリウム 15g をとかした塩化ナトリウム水溶液の質量パーセント濃度は何％ですか。　　　　　　　　　　　　　　[　　　　　　]％

(2) 水 210g に塩化ナトリウム 40g をとかした塩化ナトリウム水溶液の質量パーセント濃度は何％ですか。　　　　　　　　　　　　　　[　　　　　　]％

(3) 水 420g に砂糖 60g をとかした砂糖水の質量パーセント濃度は何％ですか。

　　　　　　　　　　　　　　　　　　　　　　　　　　　　[　　　　　　]％

(4) 4％の塩化ナトリウム水溶液 250g にとけている塩化ナトリウムは何 g ですか。

　　　　　　　　　　　　　　　　　　　　　　　　　　　　[　　　　　　]g

(5) 2.5％の砂糖の水溶液 260g にとけている砂糖は何 g ですか。

　　　　　　　　　　　　　　　　　　　　　　　　　　　　[　　　　　　]g

　💡ヒント　**2** 質量パーセント濃度(%) = $\dfrac{溶質の質量〔g〕}{溶媒の質量〔g〕+溶質の質量〔g〕}$ ×100 で求められるよ。

3 砂糖 50g を水にとかして，200g の砂糖水をつくった。これについて，次の問いに答えましょう。

(1) この砂糖水の質量パーセント濃度は何%ですか。

$$\left[\%\right]$$

(2) この砂糖水にさらに水を加えて，質量パーセント濃度を 10%にしたい。水を何 g 加えればよいですか。

まず，砂糖 50g がとけた 10%の砂糖水の質量を求めてみよう。

$$\left[g\right]$$

4 右のグラフは，硫酸銅，ミョウバン，塩化ナトリウム，ホウ酸の溶解度曲線を表したものである。これについて，次の問いに答えましょう。

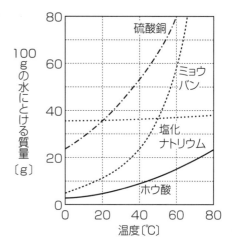

(1) グラフから，水の温度が上がると，100g の水にとける硫酸銅の質量はどうなるといえるか。次から 1 つ選びなさい。

　ア　大きくなる。
　イ　小さくなる。
　ウ　変わらない。

$$\left[\right]$$

(2) 水の温度が上がっても，100g の水にとける質量がほとんど変わらない物質はどれですか。

$$\left[\right]$$

(3) 60℃の水 100g にとける質量が最も大きい物質はどれですか。

$$\left[\right]$$

(4) 20℃の水 100g にミョウバンを 40g とかしたところ，とけ残りがあった。水の量を変えずに，とけ残りをすべてとかすにはどうすればよいですか。

$$\left[\right]$$

(5) 60℃の水 100g にそれぞれの物質をとけるだけとかして水溶液をつくった。これを 40℃まで冷やしたとき，結晶として出てくる質量が最も大きい物質はどれですか。

$$\left[\right]$$

5 STEP UP 硝酸カリウムは，20℃の水 100g に 31.6g とける。これについて，次の問いに答えましょう。

(1) 20℃の水 100g に 15.3g の硝酸カリウムをとかしたとき，あと何 g の硝酸カリウムがとけますか。

$$\left[g\right]$$

(2) 40℃の水 100g に 50.0g の硝酸カリウムをとかした水溶液を 20℃に冷やすと，何 g の結晶が出てきますか。

20℃の水には，31.6g だけとけるよ。

$$\left[g\right]$$

4 物質の状態変化

状態変化と沸点と融点をおさえる

✔ チェックしよう！

 状態変化

物質が，温度によって固体，液体，気体とすがたを変えること。

固体→液体→気体と変化すると，ふつう，体積が大きくなる。

状態変化すると体積は変化するが，質量は変化しない。（水は例外で，液体より固体の氷のほうが，体積が大きくなる。）

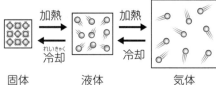

〈状態変化と物質の粒子の動き〉

> 固体→液体→気体と変化していくにつれて，物質の粒子が自由になっていくイメージだよ。

 融点と沸点

・融点…固体がとけて液体に変化するときの温度。
（例）水の融点は 0℃。

・沸点…液体が沸とうして気体に変化するときの温度。（例）水の沸点は 100℃。

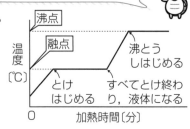

 純粋な物質と混合物

・純粋な物質（純物質）…１種類の物質でできているもの。
（例）塩化ナトリウム，酸素など。

・混合物…２種類以上の物質が混ざり合ったもの，混合物は融点と沸点が一定にならない。（例）海水，砂糖水，みりんなど。

 混合物の分け方

・蒸留…液体を加熱して沸とうさせ，出てくる気体を冷やして再び液体にして集める方法。 蒸留すると，混合物を分けることができる。

〈水とエタノールの混合物の加熱〉

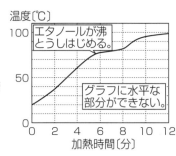

水（沸点：100℃）よりエタノール（沸点：78℃）のほうが，沸点が低い。
→エタノールが先に気体となって出てくる。
→試験管の中にエタノールがたまる。
→エタノールと水を分けることができる。
（エタノールが試験管内にあることは，試験管内の液体をろ紙にひたして，燃えるかどうかで確かめる）

確認問題

CHECK 1

1 次の図は，エタノールの状態変化を粒子の動きのモデルで表したものである。

☐ に液体，気体，固体のいずれかのことばを書きましょう。

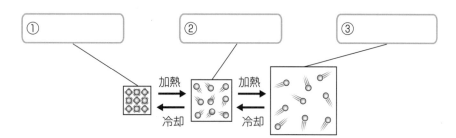

① ☐   ② ☐   ③ ☐

加熱 ⇄ 冷却   加熱 ⇄ 冷却

CHECK 2

2 次の文の ☐ にあてはまることばを書きましょう。

・固体がとけて液体に変化するときの温度を ① ☐ という。水の①は

② ☐ ℃である。

・液体が沸とうして気体に変化するときの温度を ③ ☐ という。水の

③は ④ ☐ ℃である。

CHECK 3-4

3 次の文の ☐ にあてはまることばを書きましょう。

・水や塩化ナトリウムなど，1種類の物質でできているものを ① ☐
という。

・空気や砂糖水など，2種類以上の物質が混ざり合ったものを ② ☐
という。

・液体を加熱して沸とうさせ，出てくる気体を冷やして再び液体にして集める方法
を ③ ☐ という。

・水とエタノールの混合物を加熱すると，水よりエタノールのほうが，沸点が低い
ため，④ ☐ が先に気体となって出てくる。

・純粋な物質か混合物かはグラフを確認し，⑤ ☐ になった部分があれ
ば，純粋な物質といえる。

・③は，混合物中の物質の ⑥ ☐ のちがいを利用して物質を分ける方
法である。

1 右の図は，エタノールが状態変化するときの粒子の状態を表したものである。これについて，次の問いに答えましょう。

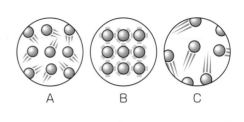

（1） A は固体，液体，気体のどの状態を表したものですか。

[　　　　　]

（2） 最も密度が大きいのは，A〜C のどれですか。

[　　　　]

（3） 粒子が最も活発に運動しているのは，A〜C のどれですか。

[　　　　]

（4） 状態変化について正しいものを，次から 1 つ選びなさい。

　　ア　状態変化では，質量は変化するが体積は変化しない。
　　イ　状態変化では，体積は変化するが質量は変化しない。
　　ウ　固体→液体→気体と変化すると，体積が小さくなる。
　　エ　気体→液体→固体と変化すると，粒子の運動が活発になる。

[　　　　]

2 右のグラフは，氷をビーカーに入れて加熱し，その温度変化について調べたものである。これについて，次の問いに答えましょう。

（1） A の温度を何といいますか。

[　　　　　　　]

（2） B の温度を何といいますか。

[　　　　　　　]

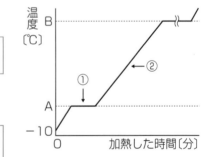

（3） グラフの①のとき，ビーカーの中の状態として正しいものを，次から 1 つ選びなさい。

　　ア　固体のみ　　　　　　　　イ　液体のみ
　　ウ　固体と液体が混ざっている　　エ　気体のみ

[　　　　]

（4） グラフの②のとき，ビーカーの中の状態として正しいものを，次から 1 つ選びなさい。

　　ア　液体のみ　　イ　固体と液体が混ざっている
　　ウ　気体のみ　　エ　液体と気体が混ざっている

> グラフの①は，氷がとけて水に変化する途中だよ。

[　　　　]

2 ▷(3)状態変化をしている途中は，温度が一定になるよ。

3 純粋な物質と混合物について，次の問いに答えましょう。

(1) 純粋な物質はどれですか。次からすべて選びなさい。

ア 鉄　　イ 砂糖水　　ウ みりん　　エ 水素　　オ 海水

カ 空気　　キ 石油　　ク 水

[　　　　　　　　　　　]

(2) 混合物を加熱すると融点と沸点はどうなるか。簡単に書きなさい。

[　　　　　　　　　　　　　　　　　　　　　　　　　　]

4 右の図のような装置で，水20cm³とエタノール5cm³の混合物を蒸留する実験を行った。実験では，3本の試験管A～Cを用意して，Aから順に液体を5cm³ずつ集めた。これについて，次の問いに答えましょう。

(1) 水とエタノールの混合物といっしょにフラスコに入れたXの名前は何ですか。

[　　　　　　　　]

(2) この実験のように，液体を気体にし，冷やして再び液体にして集める方法を何といいますか。

[　　　　　　　]

(3) この実験では，水とエタノールを分離できる。これは，水とエタノールの何がちがうからですか。

[　　　　　　　]

(4) この実験で液体を集めた3本の試験管A～Cのうち，エタノールを最も多くふくむ液体の入った試験管はどれですか。

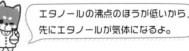
エタノールの沸点のほうが低いから，先にエタノールが気体になるよ。

[　　]

(5) (4)で，液体がエタノールをふくんでいることを確かめるためにはどうすればよいか。簡単に書きなさい。

[　　　　　　　　　　　　　　　　　　　　　　　　　　]

物質の分解
いろいろな分解を覚える

✔ チェックしよう！

CHECK 1 分解
- 化学変化…もとの物質が別の物質に変わる変化。
- 分解…ある1種類の物質が2種類以上の別の物質に分かれる化学変化。加熱したときに起こる分解を特に，熱分解という。

> 炭酸水素ナトリウムと酸化銀は，熱を加えると分解するよ。

CHECK 2 炭酸水素ナトリウムの熱分解
炭酸水素ナトリウム　→　炭酸ナトリウム＋二酸化炭素＋水
（白色）

	水へのとけやすさ	水溶液の性質
炭酸水素ナトリウム	少しとける	弱いアルカリ性
炭酸ナトリウム	よくとける	強いアルカリ性

炭酸水素ナトリウム
炭酸ナトリウムが残る
液体に青色の塩化コバルト紙をつけると赤くなる→水
石灰水が白くにごる
↓
二酸化炭素が発生していることがわかる

CHECK 3 酸化銀の熱分解
酸化銀　→　銀＋酸素
（黒色）　（白色）

> 火のついた線香を近づけると，線香が炎を上げて燃える。

CHECK 4 電気分解
水溶液に電流を流すことで，物質を分解すること。
- 陽極…電源の＋極側
- 陰極…電源の－極側

> マッチの火を近づけると，気体が燃える。

> 火のついた線香を近づけると，線香が炎を上げて燃える。

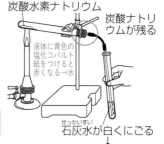

酸素
水素
少量の水酸化ナトリウムをとかした水
陽極
陰極
電源装置
＋－

CHECK 5 水の電気分解
水　→　水素＋酸素
└電流を流れやすくするために少量の水酸化ナトリウムをとかす。

> 陽極に酸素が，陰極に水素が，体積比1:2の割合で発生するよ。

CHECK 6 塩化銅の電気分解
塩化銅　→　銅＋塩素
（赤色）

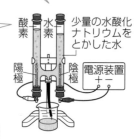

電源装置
＋－
陽極　陰極
塩素が発生　銅が付着
塩化銅水溶液

確認問題

CHECK 1

1 次の文の ☐ にあてはまることばを書きましょう。

- もとの物質が別の物質に変わる変化を ① ☐ という。

- ある1種類の物質が2種類以上の別の物質に分かれる①を ② ☐ という。

- ②のうち，加熱したときに起こるものを特に ③ ☐ という。

CHECK 2

2 炭酸水素ナトリウムを分解するとき，☐ にあてはまることばを書きましょう。

- 炭酸水素ナトリウム → 炭酸ナトリウム＋ ① ☐ ＋ ② ☐

③ ☐ がつく。

炭酸水素ナトリウム→炭酸ナトリウムが残る

④ ☐

をふれさせると青色から赤色に変化する。

炭酸ナトリウムの水溶液に ⑤ ☐ 溶液を加えると濃い赤色になる。

⑥ ☐ が白くにごることから，

⑦ ☐ が発生していることがわかる。

CHECK 3

3 酸化銀を分解するとき，☐ にあてはまる物質名を書きましょう。

- 酸化銀 → 銀＋ ① ☐

- 酸化銀の熱分解で発生した ② ☐ に火のついた線香を近づけると炎を上げて燃える。

CHECK 5-6

4 次の物質を電気分解するとき，☐ にあてはまる物質名を書きましょう。

- 水 → 水素＋ ① ☐

- 塩化銅 → ② ☐ ＋塩素

CHECK 5

5 水の電気分解について ☐ にあてはまる物質名を書きましょう。

① ☐

が発生。

陽極　陰極　電源装置　＋－

② ☐ が発生。

少量の ③ ☐ をとかす。

✎ 練習問題

1▷ 右の図のような装置を用いて，炭酸水素ナトリウムを分解した。これについて，次の問いに答えましょう。

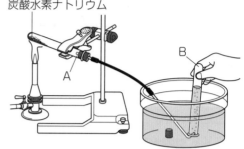
炭酸水素ナトリウム

(1) 試験管の口（Aの部分）には，液体がついた。この液体の物質名を答えなさい。

[　　　　　　　　　]

(2) Aの部分にたまった液体が(1)であることは，何を使って確かめることができますか。

[　　　　　　　　　　　　　　　　　　]

(3) Bの部分に集めた気体を石灰水に通すとどうなるか。簡単に書きなさい。

[　　　　　　　　　　　　　　　　　　]

(4) 加熱した試験管に残った物質は何ですか。物質名を答えなさい。

[　　　　　　　　　　　　　　　　　　]

(5) 加熱した試験管に残った物質について，正しいものを次から1つ選びなさい。

ア　残った物質は，水に少しとけ，その水溶液は弱いアルカリ性を示す。
イ　残った物質は，水に少しとけ，その水溶液は強いアルカリ性を示す。
ウ　残った物質は，水によくとけ，その水溶液は弱いアルカリ性を示す。
エ　残った物質は，水によくとけ，その水溶液は強いアルカリ性を示す。

[　　]

2▷ 右の図のような装置を用いて，酸化銀を分解した。これについて次の問いに答えましょう。

(1) 気体Aは何か。気体名を答えなさい。

[　　　　　　　　　]

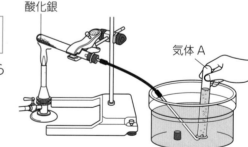
酸化銀
気体A

(2) 気体Aの性質として正しいものを，次から1つ選びなさい。

ア　刺激臭があり，空気より重い。
イ　火のついた線香を入れると，線香が激しく燃える。
ウ　色もにおいもないが，有毒である。
エ　空気より重く，黄緑色の気体である。

[　　]

(3) 加熱した試験管に残った物質が銀であることを確認するにはどうすればよいか。簡単に書きなさい。

[　　　　　　　　　　　　　　　　　　]

💡ヒント **1▷** (5)残った物質の水溶液に，フェノールフタレイン溶液を入れると濃い赤色になるよ。

3 ▶ 右の図のような装置を用いて，塩化銅を電気分解した。

これについて，次の問いに答えましょう。

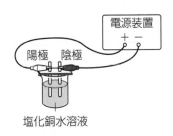

(1) 陽極から発生する気体は何か。気体名を答えなさい。

[   ]

(2) 陽極から発生する気体の性質として正しいものを，

次から 1 つ選びなさい。

　　ア　色もにおいもなく，空気より重い。

　　イ　刺激臭があり，空気より軽い。

　　ウ　空気より重く，黄緑色の気体である。

　　エ　ものを燃やすはたらきがある。

[   ]

(3) 陰極に付着した物質の色として正しいものを，次から 1 つ選びなさい。

　　ア　赤色

　　イ　黄色

　　ウ　青色

　　エ　白色

[   ]

(4) 陰極に付着した物質は何か。物質名を答えなさい。

[   ]

4 ▶ 右の図のような装置を用いて，水の電気分解をした。

これについて，次の問いに答えましょう。

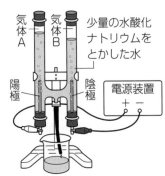

(1) 気体 A は何か。気体名を答えなさい。

[   ]

(2) 気体 B の性質として正しいものを，次から 1 つ選びな

さい。

　　ア　空気より少し重い。

　　イ　刺激臭があり，空気より軽い。

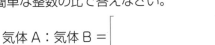

水を電気分解すると，
酸素と水素が発生するよ。

　　ウ　ものが燃えるのを助けるはたらきがある。

　　エ　マッチの火を近づけると，ポンという音をたてて燃える。

[   ]

(3) 発生した気体 A と気体 B の体積の比を，最も簡単な整数の比で答えなさい。

気体 A：気体 B ＝ [   ]

(4) 水を電気分解するとき，水に水酸化ナトリウムを少量とかすのはなぜか。理由を簡単

に書きなさい。

[   ]

② 原子・分子と化学反応式
化学変化を化学反応式で表す方法をおさえる

✔ チェックしよう！

CHECK 1 原子と分子

物質をつくっている最小の粒子を原子といい，約120種類ある。

・化学変化によって，それ以上分割できない。

・種類によって質量や大きさが決まっている。

・化学変化でなくなったり，種類が変わったり，新しくできたりしない。

原子がいくつか結びついてできた粒子を分子といい，物質には分子をつくるものとつくらないものがある。

鉄原子　金原子

CHECK 2 元素記号と周期表

元素記号はアルファベット
1文字か2文字で表すよ。

・元素…物質を構成する原子の種類。

・元素記号…元素を表す記号。

・周期表…原子の構造にもとづいて
元素を並べた表。

元素	元素記号	元素	元素記号
水素	H	ナトリウム	Na
炭素	C	マグネシウム	Mg
窒素	N	鉄	Fe
酸素	O	銅	Cu
硫黄	S	亜鉛	Zn
塩素	Cl	銀	Ag

CHECK 3 化学式

1種類の元素が集まっている物質
の化学式は，その元素記号で表すよ。

物質を元素記号と数字を使って表したもの。

①単体…1種類の元素だけでできている物質。

　　　（例）水素，酸素，炭素，鉄など。

②化合物…2種類以上の元素でできている物質。

　　　（例）水，硫化銅，酸化銅など。

物質名	化学式
水素分子	H_2
水分子	H_2O
アンモニア分子	NH_3
鉄	Fe
塩化ナトリウム	NaCl
塩化銅	$CuCl_2$
酸化銅	CuO

CHECK 4 化学反応式

化学式を使って化学変化のようすを表した式。

・化学反応式をつくる手順

1. 反応前のすべての物質→反応後のすべての物質と表す。

2. それぞれの物質を化学式で表し，複数ある場合は＋でつなぐ。

3. 化学変化の前後で，原子の種類と個数が等しくなるようにする。

　　（例）・酸化銀の熱分解　　$2Ag_2O \rightarrow 4Ag + O_2$

　　　　　・水の電気分解　　　$2H_2O \rightarrow 2H_2 + O_2$

〈水の電気分解のモデル〉

CHECK 1

1 次の文の ▢ にあてはまることばを書きましょう。

・物質をつくっている最小の粒子を ① ▢ という。

・①は化学変化によって，それ以上分割でき ② ▢ 。

・①は種類によって ③ ▢ や ④ ▢ が決まっている。

・①は化学変化によって，⑤ ▢ り，⑥ ▢ り，

⑦ ▢ りしない。

・原子がいくつか結びついてできた粒子を ⑧ ▢ という。

CHECK 3

2 次の物質を単体と化合物に分けましょう。

ア　酸素　　イ　二酸化炭素　　ウ　水　　エ　鉄

単体 [　　　　　　　　　　　　] 化合物 [　　　　　　　　　　　　]

CHECK 3

3 次の表にあてはまる物質名や化学式を ▢ に書きましょう。

物質名	化学式	物質名	化学式
水素分子	①	酸素分子	②
③	H_2O	④	CO_2
アンモニア分子	⑤	窒素分子	⑥
⑦	Fe	⑧	Ag

CHECK 4

4 次の ▢ にあてはまる化学式や数を書いて，化学反応式を完成させましょう。

・水の電気分解　　$2H_2O$ → ① ▢ 　H_2 + ② ▢

・塩化銅水溶液の電気分解　　$CuCl_2$ → ③ ▢ 　+ Cl_2

✎ 練習問題

1 次の問いに答えましょう。

(1) 物質をつくっている最小の粒子を何といいますか。 [   ]

(2) 原子の種類ではないものを，次から1つ選びなさい。
   ア 水素　　　　イ 酸素　　　　ウ 塩素　　　　エ 炭素　 [   ]
   オ アンモニア　カ ナトリウム　キ マグネシウム　ク 銅

(3) 次の文が図の説明になるようにX，Y，Zにあてはまることばを書きなさい。
   ・化学変化によって，原子はそれ以上 [X] することができない。

   ⊖ ⟶✕ ⊖⊖

   ・化学変化によって，原子はほかの種類の原子に [Y] しない。

   ⊖ ⟶✕ ◯
   鉄原子　　金原子

   ・原子は種類によって，その [Z] や大きさが決まっている。

   ⊖　　◯
   鉄原子　金原子

   この粒子は，とても小さいんだ！

   X [   ]　　Y [   ]　　Z [   ]

(4) 銀原子が野球ボールの大きさになったとすると，野球ボールはどれくらいの大きさに
   なるか。次から1つ選びなさい。 [   ]
   ア サッカーボール　　イ 東京ドーム　　ウ 日本　　エ 地球

2 右の図は，物質の分類を表したものである。こ
れについて，次の問いに答えましょう。

(1) 図のX，Yにあてはまることばを書きなさい。

   X [   ]　　Y [   ]

純粋な物質 ── X　1種類の原子からできている

物質 ──┬── 純粋な物質 ──┴── Y　2種類以上の原子からできている
　　　　└── 混合物

(2) 図のXに分類される物質として正しいもの
   を，次からすべて選びなさい。
   ア 水素　　イ 空気　　ウ 二酸化炭素　　エ アンモニア
   オ 鉄　　カ 水　　キ 酸化銅　　ク マグネシウム

   [   ]

(3) 固体の塩化ナトリウムでは，ナトリウム原子と塩素原子がどのようになっているか。
   簡単に書きなさい。

   [   ]

46　💡 **2** (3)ナトリウム原子のような金属の原子をふくむ化合物は，分子をつくらないよ。

3 ▶ 右の図は，周期表にある元素のうちの１つを表している。
次の問いに答えましょう。

$$\boxed{_8\,\bigcirc}$$

(1) 図の元素記号が表す元素の名称を答えなさい。

[   ]

(2) 図の元素記号の横についている番号を何といいますか。

[   ]

4 ▶ 次の問いに答えましょう。

(1) アンモニアの分子はどのようになっているか。次から１つ選びなさい。

ア　窒素原子１個と水素原子１個が結びついた分子である。
イ　窒素原子１個と水素原子３個が結びついた分子である。
ウ　窒素原子３個と水素原子１個が結びついた分子である。
エ　窒素原子２個と水素原子３個が結びついた分子である。

[   ]

(2) 化合物に分類される物質を表す化学式を，次からすべて選びなさい。

ア　H_2　　イ　O_2　　　ウ　H_2O　　エ　CO_2　　オ　Fe
カ　Cu　　キ　NH_3　　ク　Ag

[   ]

(3) 以下の物質の化学式を書きなさい。また単体であるものをすべて選び，記号で答えなさい。

ア　鉄 [   ]　　　イ　塩化銅 [   ]　　　ウ　酸素 [   ]

エ　水酸化ナトリウム [   ]　　　単体であるもの [   ]

(4) 空気（乾燥空気）を構成する物質の中で，約 78 % を占めている物質の元素記号を答えなさい。

[   ]

5 ▶ **STEP UP** ▶ 次の化学変化の化学反応式を書きましょう。

(1) 炭酸水素ナトリウム→炭酸ナトリウム＋二酸化炭素＋水

[   ]

(2) 塩化銅→銅＋塩素 [   ]

(3) 酸化銀→銀＋酸素 [   ]

③ さまざまな化学変化と熱

化合物のでき方や，酸化と還元についておさえる

✔ チェックしよう！

CHECK 1 物質と物質が結びつく化学変化

- 化合…2種類以上の物質が結びついて別の物質ができる化学変化。

（例1）水素＋酸素→水 $2H_2 + O_2 → 2H_2O$

（例2）鉄＋硫黄（いおう）→硫化鉄（りゅうかてつ） $Fe + S → FeS$

鉄と硫黄を混ぜ合わせて加熱すると，硫化鉄ができる。反応前後で物質の性質は異なる。

〈鉄と硫黄が結びつく変化〉

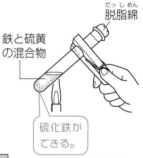

脱脂綿（だっしめん）

鉄と硫黄の混合物

硫化鉄ができる。

できた物質は化合物だよ。

	磁石との反応	塩酸との反応
鉄と硫黄	鉄が磁石につく	水素が発生
硫化鉄	磁石につかない	硫化水素が発生

CHECK 2 酸化（さんか）

- 酸化…物質が酸素と結びつくこと。 （例）銅の酸化 $2Cu + O_2 → 2CuO$
- 燃焼（ねんしょう）…物質が，熱や光を出しながら激しく酸化すること。

（例）マグネシウムの燃焼 $2Mg + O_2 → 2MgO$

CHECK 3 還元（かんげん）

- 還元…酸化物から酸素がうばわれる化学変化。

（例）酸化銅の還元

黒色の酸化銅
→赤色の銅に変化

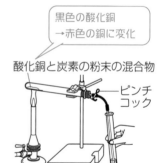

酸化銅と炭素の粉末の混合物

ピンチコック

石灰水（せっかいすい）

石灰水が白くにごる。
→二酸化炭素が発生。

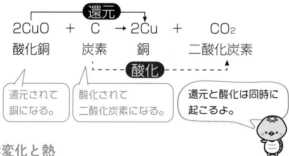

$$\underset{\text{酸化銅}}{2CuO} + \underset{\text{炭素}}{C} → \underset{\text{銅}}{2Cu} + \underset{\text{二酸化炭素}}{CO_2}$$

還元

酸化

還元されて銅になる。

酸化されて二酸化炭素になる。

還元と酸化は同時に起こるよ。

CHECK 4 化学変化と熱（はつねつはんのう）

- 発熱反応…熱を放出し，まわりの温度を上げる化学変化。

（例）鉄粉と酸素が結びつく反応（化学かいろ）

鉄＋酸素→酸化鉄＋熱

●発熱反応

物質A ＋ … ⟶ 物質B ＋ … ＋熱
化学変化

- 吸熱反応（きゅうねつ）…熱を吸収し，まわりの温度を下げる化学変化。

（例）炭酸水素ナトリウムとクエン酸の反応

炭酸水素ナトリウム＋クエン酸＋熱
→クエン酸ナトリウム＋二酸化炭素＋水

●吸熱反応

物質C ＋ … ＋熱⟶ 物質D ＋ …
化学変化

確認問題

CHECK 1
1 次の文の ☐ にあてはまる化学式や数を書いて，化学反応式を完成させましょう。

- 水素と酸素が結びつく反応 ① ☐ H_2 + ② ☐ → $2H_2O$
- 鉄と硫黄が結びつく反応 Fe + ③ ☐ → ④ ☐

CHECK 1
2 鉄と硫黄が結びついてできた化合物の性質を調べるために，以下のことを行った。
結果を簡単に答えましょう。

(1) できた化合物に磁石を近づける [   ]

(2) できた化合物に塩酸を加える [   ]

CHECK 2-3
3 次の文の ☐ にあてはまることばを書きましょう。

- 物質が酸素と結びつくことを ① ☐ という。
- 物質が，熱や光を出しながら激しく酸化することを ② ☐ という。
- 酸化物から酸素がうばわれる化学変化を，③ ☐ という。

CHECK 3
4 次の ☐ にあてはまることばを書きましょう。

酸化銅… ① ☐ 色

加熱後の物質… ② ☐ 色

酸化銅と炭素の粉末の混合物

ピンチコック

石灰水が ③ ☐ 。

石灰水

CHECK 4
5 次の文の ☐ にあてはまることばを書きましょう。

- 熱を放出し，まわりの温度を上げる化学変化を ① ☐ という。
- 熱を吸収し，まわりの温度を下げる化学変化を ② ☐ という。
- 鉄粉と酸素が結びつく反応では，熱が ③ ☐ される。
- 水酸化バリウムと塩化アンモニウムの反応では，熱が ④ ☐ される。

✎ 練習問題

1 右の図のように，鉄と硫黄の混合物を試験管に入れて加熱した。次の問いに答えましょう。

鉄と硫黄
の混合物

(1) 加熱前の混合物と，加熱後の試験管に残った物質それぞれに磁石を近づけたとき，磁石につくのはどちらですか。

[　　　　　　　　　　　　]

(2) 加熱前の混合物と，加熱後の試験管に残った物質それぞれにうすい塩酸を加えるとどうなるか。正しいものを次から1つ選びなさい。

　ア　加熱前の混合物と加熱後の物質は，どちらもにおいのある気体が発生した。

　イ　加熱前の混合物はにおいのある気体が，加熱後の物質はにおいのない気体が発生した。

　ウ　加熱前の混合物はにおいのない気体が，加熱後の物質はにおいのある気体が発生した。

　エ　加熱前の混合物と加熱後の物質は，どちらもにおいのない気体が発生した。

[　　]

2 右の図のように，酸化銅と炭素の粉末の混合物を加熱したところ，気体が発生して石灰水が白くにごった。これについて，次の問いに答えましょう。

酸化銅と炭素の粉末の混合物

ピンチコック

ガラス管

石灰水

(1) この実験で発生した気体は何か。気体名を答えなさい。

[　　　　　　　　　　]

(2) この実験で，加熱した試験管には赤色の物質が残った。この物質は何か，答えなさい。

[　　　　　　　　　　]

(3) 次の　　　の中にあてはまることばを書きなさい。
この実験で，酸化銅は酸素をうばわれて　①　され，炭素は　②　された。

①[　　　　　　　]　②[　　　　　　　]

(4) この実験で起こった化学変化を，化学反応式で書きなさい。

[　　　　　　　　　　　　]

(5) この実験では，ガスバーナーの火を消す前に石灰水からガラス管をぬく必要がある。その理由を簡単に書きなさい。

[　　　　　　　　　　　　　　　　　　　　　　　　　]

ガラス管を石灰水につけたまま火を消すと，石灰水はどうなるか考えよう。

💡 **1** 鉄と硫黄の混合物を加熱すると，鉄＋硫黄→硫化鉄（Fe + S → FeS）の反応が起こるよ。

3 右の図のように，鉄粉６ｇと活性炭３ｇを混ぜたもの
をビーカーに入れ，食塩水を数滴加えたあと，ガラス
棒でかき混ぜながら温度変化を調べた。これについて，
次の問いに答えましょう。

ガラス棒 ── 温度計

食塩水を
数滴加える

鉄粉と
活性炭

(1) この実験で，鉄と結びついた物質は何か。正しい
ものを次から１つ選びなさい。

ア 炭素　　イ 二酸化炭素
ウ 水素　　エ 酸素　　　　　　[　　]

(2) この実験の化学変化では，熱が放出されましたか，吸収されましたか。

[　　　　　　　　]

(3) 熱が(2)のようになる化学変化を何といいますか。

[　　　　　　　　]

(4) この実験と同じ化学変化を利用したものとして正しいものを，次から１つ選びなさい。

ア ドライアイス　　イ 化学かいろ
ウ ストーブ　　　　エ 冷却パック　　　　[　　]

4 右の図のように，塩化アンモニウム１ｇと水酸化バリ
ウム３ｇをビーカーに入れ，水でぬらしたろ紙をかぶ
せたあと，ガラス棒でかき混ぜた。これについて，次
の問いに答えましょう。

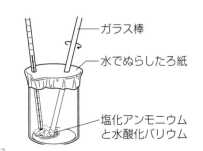

── ガラス棒

── 水でぬらしたろ紙

塩化アンモニウム
と水酸化バリウム

(1) この実験で発生した気体は何か。気体名を答えなさ
い。

 ろ紙の水に非常にとけやすい性質
をもつ気体だよ。　　　[　　　　　]

(2) この実験の化学変化では，熱が放出されましたか，
吸収されましたか。　　　　　　　　[　　　　]

(3) 熱の出入りが，この実験の化学変化と同じものを，次から１つ選びなさい。

ア 紙や木などの有機物が燃えるとき。
イ 炭酸水素ナトリウムとクエン酸が反応するとき。
ウ うすい塩酸にマグネシウムリボンを入れて気体を発生させたとき。
エ スチールウールが燃えるとき。　　　　　　　　[　　]

(4) ビーカーにぬれたろ紙をかぶせるのはなぜですか。簡単に書きなさい。

[　　　　　　　　　　　　　　　　　　　　　]

4 化学変化と物質の質量

化学変化と質量の関係をおさえる

チェックしよう!

CHECK 1 質量保存の法則…化学変化の前後で，物質全体の質量は変わらないこと。

<気体が発生する反応>密閉容器内で，炭酸水素ナトリウムにうすい塩酸を加える。

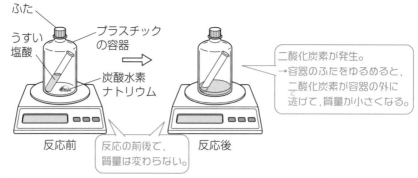

ふた
うすい塩酸
プラスチックの容器
炭酸水素ナトリウム
反応前
反応後

二酸化炭素が発生。
→容器のふたをゆるめると，二酸化炭素が容器の外に逃げて，質量が小さくなる。

反応の前後で，質量は変わらない。

<沈殿ができる反応>うすい塩化バリウム水溶液にうすい硫酸を加える。

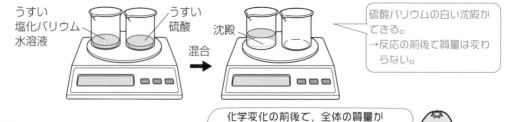

うすい塩化バリウム水溶液
うすい硫酸
混合
沈殿

硫酸バリウムの白い沈殿ができる。
→反応の前後で質量は変わらない。

化学変化の前後で，全体の質量が変わらないことをおさえよう。

CHECK 2 化学変化と質量の比

化学変化において，反応する物質の質量の比はつねに一定である。

（例）グラフのA点より，銅 1.0 g と結びつく酸素は 0.25 g
→ 銅：酸素 ＝ 4：1 の割合で結びつく。
結びつく酸素の質量は銅の質量に比例する。

（例）グラフのB点より，マグネシウム 1.5 g と結びつく酸素は 1.00 g
→ マグネシウム：酸素 ＝ 3：2 の割合で結びつく。
結びつく酸素の質量はマグネシウムの質量に比例する。

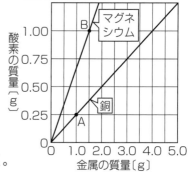

〈金属と結びつく酸素の質量〉

縦軸：酸素の質量〔g〕
横軸：金属の質量〔g〕
B マグネシウム
A 銅

グラフは原点を通る直線だから，金属と結びつく酸素の質量は，金属の質量に比例するんだね。

CHECK 1

1 次の ☐ にあてはまることばを書きましょう。

- 化学変化の前後で，物質全体の質量は変わらないことを ① ☐ という。

- 気体が発生する反応

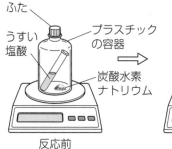

ふた
うすい塩酸
プラスチックの容器
炭酸水素ナトリウム

反応前　　　反応後

気体である ② ☐ が発生する。

反応の前後で，質量は ③ ☐ 。

容器のふたをゆるめると，②が容器の外に逃げて，質量が ④ ☐ 。

- 沈殿ができる反応

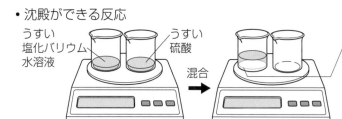

うすい塩化バリウム水溶液　　うすい硫酸

混合

⑤ ☐ の白い沈殿が生じる。

反応の前後で，質量は ⑥ ☐ 。

CHECK 2

2 グラフを見て，次の文の ☐ にあてはまることばや数を書きましょう。

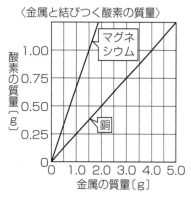

〈金属と結びつく酸素の質量〉

マグネシウム

銅

酸素の質量〔g〕

金属の質量〔g〕

- グラフより，銅 4.0g と結びつく酸素の質量は ① ☐ g である。

- 銅と酸素が結びつくときの質量比は ② ☐ である。

- 銅 4.0g と酸素が結びつくと ③ ☐ g の酸化銅ができる。

- グラフより，マグネシウム 1.5g と結びつく酸素の質量は ④ ☐ g である。

- マグネシウムと酸素が結びつくときの質量比は ⑤ ☐ である。

- 化学変化に関係する物質の質量の比はつねに ⑥ ☐ である。

✏ 練習問題

1 右の図のように，プラスチックの容器に
炭酸水素ナトリウムとうすい塩酸の入っ
た試験管を入れてふたを閉め，全体の質
量をはかったところ 78.5g であった。
その後，容器を傾けて気体を発生させた。
これについて，次の問いに答えましょう。

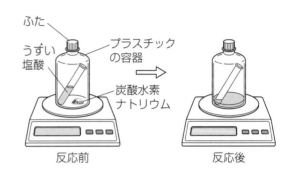

(1) 炭酸水素ナトリウムとうすい塩酸を
　　反応させたときに発生する気体は何
　　か。気体名を答えなさい。

　　　　　　　　　　　　　　　[　　　　　　　　　　　　　　]

(2) 実験で，反応後の容器全体の質量をはかると何 g になると考えられますか。

　　　　　　　　　　　　　　　　　　　　　　　　[　　　　　　　　　g]

(3) 実験で，反応後，容器のふたをゆるめると，全体の質量はどうなるか。正しいものを
　　次から１つ選びなさい。　　　　　　　　　　　　　　　　　[　　　　　]

　　ア　大きくなる。　　　イ　小さくなる。　　　ウ　変わらない。

(4) (3)のようになるのは，発生した気体がどうなるからか。簡単に書きなさい。

　　[　　　　　　　　　　　　　　　　　　　　　　　　　　　　　　　　]

2 右の図のように，うすい塩化バリウム水溶液と
すい硫酸をそれぞれ容器に入れて質量をはかり，
水溶液を混ぜ合わせた。これについて，次の問い
に答えましょう。

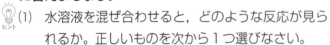

(1) 水溶液を混ぜ合わせると，どのような反応が見ら
　　れるか。正しいものを次から１つ選びなさい。

　　ア　気体が発生する。　　　イ　溶液が赤くなる。　　[　　　　]
　　ウ　白い沈殿が生じる。

(2) 反応後の全体の質量は，反応前の全体の質量に比べてどうなりますか。

　　　　　　　　　　　　　　　[　　　　　　　　　　　　　　]

(3) (2)のようになるのは，化学変化の前後で，質量に関するあるきまりがあるからである。
　　このきまりを何の法則といいますか。

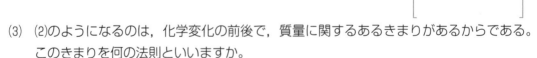

　　状態変化などの物理変化にもあ
　　てはまる法則だよ。

　　　　　　　　　　　　　　[　　　　　　　　の法則]

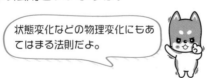

 2 (1)うすい塩化バリウム水溶液とうすい硫酸を混ぜ合わせると，硫酸バリウムができるよ。

3 右のグラフは，銅の粉末を十分に加熱したときの，銅の質量とできた酸化銅の質量の関係を表したものである。これについて，次の問いに答えましょう。

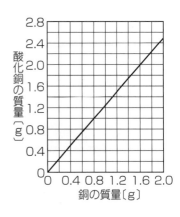

(1) 銅が酸化して酸化銅ができるときの化学反応式を書きなさい。

[ ]

(2) 銅 1.6g が酸化すると，何 g の酸化銅ができますか。

[g]

(3) 銅 1.6g は，何 g の酸素と結びつきますか。

[g]

(4) 銅の質量と結びつく酸素の質量の比を，最も簡単な整数の比で書きなさい。

[ ]

(5) 銅の質量と結びついた酸素の質量にはどのような関係がありますか。

[ ]

4 図1は，マグネシウムを完全に酸化させたときの，マグネシウムの質量と酸化物の質量の関係をグラフに表したものである。これについて，次の問いに答えましょう。

図1
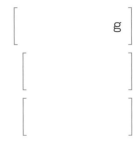

(1) マグネシウムの酸化物を，化学式で答えなさい。

マグネシウムの原子の記号はMg，酸素の原子の記号はOだよ。

[ ]

(2) マグネシウム 0.6g を酸化させると，何 g の酸化物ができますか。

[g]

(3) マグネシウム 0.6g を酸化させると，何 g の酸素が結びつきますか。

[g]

(4) マグネシウムの質量と結びつく酸素の質量の比を，最も簡単な整数の比で書きなさい。

[ ]

(5) 図1のグラフをもとにして，図2に，マグネシウムの質量と結びつく酸素の質量の関係を表すグラフを書きなさい。

図2
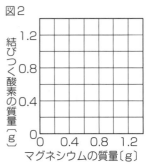

1 光の性質

光の反射と屈折，凸レンズによってできる像を理解する

✔ チェックしよう！

CHECK 1 光の反射…光が物体にあたり，はね返ること。
入射角＝反射角となる。（反射の法則）

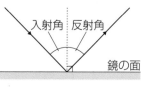

CHECK 2 光の屈折…空気とガラスなど，異なる物質の境界面で
光が折れ曲がって進むこと。

・光が空気中から水中へ進むとき

　⇒入射角＞屈折角

・光が水中から空気中へ進むとき

　⇒入射角＜屈折角

・全反射…光が水中やガラス中から空気中へ
進むとき，入射角が大きくなると，光が空
気中へ出ていかずにすべて反射する現象。

〈空気中→水・ガラス中〉

〈水・ガラス中→空気中〉

CHECK 3 凸レンズ

・光が屈折して集まる点を焦点といい，レンズの中心から
焦点までの距離を焦点距離という。

CHECK 4 凸レンズの性質

①光軸に平行な光は凸レンズを通ったあと
焦点を通る。

②凸レンズの中心を通る光は直進する。

③焦点を通り凸レンズに入った光は，
光軸に平行に進む。

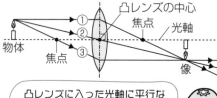

凸レンズに入った光軸に平行な
光は1点（焦点）に集まるよ。

CHECK 5 像のでき方

・物体が焦点の外側⇒倒立の実像

・物体が焦点の内側⇒正立の虚像

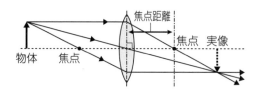

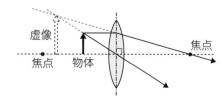

確認問題

CHECK
1-2

1 次の図の ⬚ にあてはまることばを書きましょう。

• 光の反射

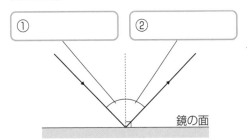

① ⬚　　② ⬚

鏡の面

• 光の屈折

③ ⬚　　⑤ ⬚

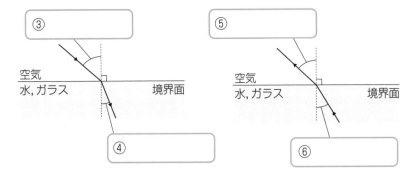

空気
水, ガラス　　　境界面

空気
水, ガラス　　　　　境界面

④ ⬚　　⑥ ⬚

CHECK
3-5

2 次の図の ⬚ にあてはまることばを書きましょう。

• 凸レンズ

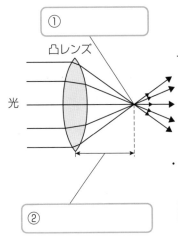

① ⬚

凸レンズ

光

② ⬚

・物体が焦点の外側にあるときには，スクリーン
　に光が実際に集まって像ができる。

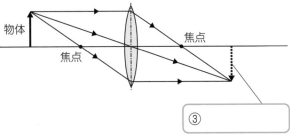

物体　　　　　　　　　　焦点

焦点

③ ⬚

・物体が焦点の内側にあるときは，光が集まらず，
　レンズを通して物体が見える。

④ ⬚

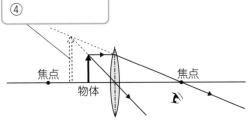

焦点　　　　　　　　　　焦点

物体

✏ 練 習 問 題

1 ▶ 次の問いに答えましょう。

(1) 光が物体にあたり，はね返ることを何といいますか。 [ ]

(2) 光が鏡の面で反射するとき，入射角と反射角の大きさは
どのようになりますか。 [ ]

(3) 光が，空気と水など，異なる物質の境界面で折れ曲がっ
て進むことを何といいますか。 [ ]

(4) 光が空気中から水中へ進むとき，入射角と屈折角はどのような関係になるか。正しい
ものを，次から1つ選びなさい。

　　ア　入射角＞屈折角　　　イ　入射角＜屈折角　　　ウ　入射角＝屈折角 [ ]

(5) 光が水中から空気中へ進むとき，入射角と屈折角はどのような関係になるか。
正しいものを，次から1つ選びなさい。

　　ア　入射角＞屈折角　　　イ　入射角＜屈折角　　　ウ　入射角＝屈折角 [ ]

(6) 光が水中やガラス中から空気中へ進むとき，入射角が大きくなると，下の図のように，
光は空気中へ出ていかずにすべて反射する。この現象を何といいますか。

[ ]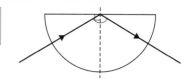

2 ▶ 3つの光源ア，イ，ウを用意し，図のように光を出したところ，A，B，Cのうちのいず
れかの向きに進んだ。これについて，次の問いに答えましょう。

(1) 光源アから出た光は，A～Cのどの方向に進みました
か。 [ ]

(2) 光源ウから出た光は，A～Cのどの方向に進みました
か。 [ ]

　　Cは全反射した光だよ。

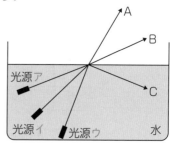

3 ▶ 次のことがらの中で，光が屈折するために起こるものを2つ選びましょう。

ア　光を通さないもので光をさえぎると影ができる。

イ　ルーペで太陽の光を集めると，黒い紙を焼くことができる。

ウ　茶わんに水を入れていくと，茶わんの底がだんだんと浮き上がってくるように見える。

エ　電灯にかさをつけると，部屋が明るくなる。

[ ] [ ]

3 ▶ 光が屈折するのは，空気中から水中のように異なる物質に入るときだよ。

4 右の図は，光軸に平行な光を凸レンズにあてたようすを表したものである。これについて，次の問いに答えましょう。

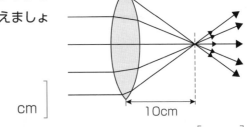

(1) この凸レンズの焦点距離は何cm ですか。

[　　　　　cm]

(2) 凸レンズを利用した道具を，次から 1 つ選びなさい。

ア　光ファイバー　　イ　カメラ　　ウ　メスシリンダー

[　　　]

5 次の図は，凸レンズを通る光の進み方を調べようとしたものである。①～③の光は，凸レンズを通ったあと，どのように進むか。あとのア～ウから 1 つずつ選びましょう。

① 光軸に平行に進んで凸レンズを通った光

② 凸レンズの中心を通った光

③ 焦点を通ってから凸レンズに入った光

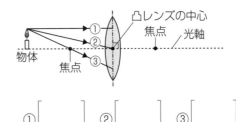

ア　光軸に平行に進む。

イ　焦点を通る。

ウ　そのまままっすぐに進む。

① [　　]　② [　　]　③ [　　]

6 像のでき方について，次の問いに答えましょう。

(1) 物体が焦点の外側にあるとき，スクリーンに像がうつる。この像を何といいますか。

[　　　　　　　　]

(2) (1)の像の向きは物体と比べてどのようになっていますか。 [　　　　　　]

(3) 物体が焦点の内側にあるとき，像はスクリーンにできず，反対側から凸レンズをのぞくと物体が大きく見える。この像を何といいますか。

[　　　　　　　　]

(4) (3)の像の向きは物体と比べてどのようになっていますか。 [　　　　]

(5) 右の図のように，物体が凸レンズから焦点距離の 2 倍の位置にあるときについて，次の問いに答えなさい。

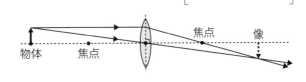

① レンズの反対側にできる像は，実像，虚像のどちらですか。 [　　　　]

② レンズの反対側にできる像の大きさは，物体と比べてどうなりますか。

物体と凸レンズの距離によって，できる像の大きさは変わるんだよ。

[　　　　　　　]

2 音の性質と力のはたらき

音の伝わり方，フックの法則と2力のつり合いを理解する

 チェックしよう！

 CHECK 1 音の伝わり方と速さ

音は振動によって発生し，物体の中を波として伝わる。

・振動して音を発しているものを音源（発音体）という。

・音は，空気のような気体のほか，水などの液体，金属などの固体の中も伝わる。

音が空気中を伝わる速さは，

約340m/s（メートル毎秒）である。

> 音は真空中では伝わらないよ。

> 約15℃での音の速さは，340m/sで，気温が上がると速くなっていくよ。

 CHECK 2 音の大きさと高さ

・音の大きさは振幅（音源が振れる幅）によって決まる。

・振幅が大きいほど音は大きい。

・音の高さは振動数（音源が一定時間に振動する回数）によって決まる。

・振動数が多いほど音は高い。

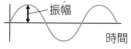
振幅／時間

> モノコードは①弦が短いほど，②弦が細いほど，③弦を強く張るほど高い音が出るよ。

 CHECK 3 力のはたらきとフックの法則

・力の三要素…①力のはたらく点（作用点），②力の向き，③力の大きさ。

・重さ…物体にはたらく重力の大きさ。単位はニュートン（N）。

・質量…はかる場所がちがっても変化しない物体そのものの量（kg，g）。

・フックの法則…ばねののびは，ばねを引く力の大きさに比例するという法則。

 CHECK 4 2力のつり合い

・1つの物体に2つ以上の力がはたらいていて，物体が動かないとき，物体にはたらく力はつり合っているという。

・2力のつり合う条件は，①2力の大きさが等しい，②2力の向きが反対である，③2力が同一直線上にある。

> 2力のつり合う条件のうち1つでも成り立たないと，その物体は動くよ。

CHECK 5 垂直抗力とまさつ力

・垂直抗力…物体にはたらく重力が机の面を押すとき，机の面から物体に重力と同じ大きさで反対向きにはたらく力。重力とつり合う。

・まさつ力…物体が動こうとする向きと反対向きに，物体が接する面にはたらく。

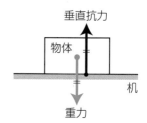
垂直抗力／物体／机／重力

確認問題

CHECK 1

1 次の問いに答えましょう。(2)で音が空気中を伝わる速さは(1)と同じものとします。

(1) 気温が約 15℃のとき，音が空気中を伝わる速さを答えなさい。

$\boxed{ \text{m/s}}$

(2) 稲妻を見てから 8 秒後に音が聞こえた。稲妻までの距離は何 m ですか。

$\boxed{ \text{m}}$

CHECK 1-2

2 次の文の $\boxed{}$ にあてはまることばを書きましょう。

• 音は物体の $\boxed{①}$ によって発生し，物体の中を $\boxed{②}$ として伝わる。

• 音は，空気のような $\boxed{③}$ のほか，$\boxed{④}$ ，

$\boxed{⑤}$ の中も伝わる。

• オシロスコープで観察した音の波形

$\boxed{⑥}$ な音	$\Longleftrightarrow$	$\boxed{⑧}$ な音
$\boxed{⑦}$ が大きい		$\boxed{⑨}$ が小さい

$\boxed{⑭}$

$\boxed{⑩}$ い音	$\Longleftrightarrow$	$\boxed{⑫}$ い音
$\boxed{⑪}$ が多い		$\boxed{⑬}$ が少ない

CHECK 3-5

3 次の文の $\boxed{}$ にあてはまることばを書きましょう。

• 力の三要素 $\boxed{②}$

$\boxed{①}$ $\boxed{③}$

• ばねののびは，ばねを引く力に $\boxed{④}$ する。これを

$\boxed{⑤}$ の法則という。

• 2力がつり合う条件は，2力の大きさが $\boxed{⑥}$ ，2力の向きが

$\boxed{⑦}$ である，2力が $\boxed{⑧}$ にある，の3つである。

• 机の面から物体にはたらく力を $\boxed{⑨}$ という。

• まさつ力は，物体が動こうとする向きと，$\boxed{⑩}$ 向きにはたらく。

✎ 練習問題

1 ▶ 右の図のように，音を出しているブザーを糸でつるし，容器に入れて，真空ポンプで容器内の空気をぬいていった。次の問いに答えましょう。

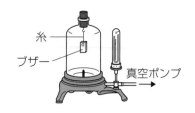

糸
ブザー
真空ポンプ

(1) 空気をぬいていくと，ブザーの音はどうなっていくか。次から1つ選びなさい。

ア 大きくなっていく。　　イ 小さくなっていく。　　ウ 変わらない。

［　　　　　］

(2) (1)の結果，何が音を伝えることがわかりますか。

［　　　　　］

2 ▶ 音の速さについて，次の問いに答えましょう。

(1) 音の速さについて正しいものを，次から1つ選びなさい。

ア 音の速さは，気温が変わっても同じである。
イ 音の速さは，気温が上がると速くなっていく。
ウ 音の速さは，気温が上がるとおそくなっていく。

［　　　　　］

(2) 稲妻を見てから音を聞くまで約3.5秒かかった。稲妻までの距離は何kmですか。ただし，音が空気中を伝わる速さを340m/sとします。

［　　　　km　］

3 ▶ モノコードではじいた音をオシロスコープで見ると，右の図のようになった。また，弦の太さやはじく部分の長さ，はじく強さを変えるとA〜Cのいずれかになった。これについて，あとの問いに答えましょう。

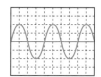

A 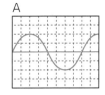　B 　C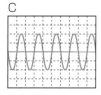

> 音の大きさは振幅，
> 音の高さは振動数で決まるよ。

(1) 弦の太さを細くすると，A〜Cのどの波形になりますか。

［　　　　　］

(2) 弦を強くはじくと，A〜Cのどの波形になりますか。

［　　　　　］

(3) 弦をはじく部分を長くすると，A〜Cのどの波形になりますか。

［　　　　　］

💡ヒント **2** ▶ (2) 「距離＝速さ×時間」で求めることができるよ。単位に気をつけよう。

4 0.2N の力を加えると 0.9cm のびるばねがある。このばねに 0.2N, 0.4N, 0.6N と力を加えていった。これについて、次の問いに答えましょう。

(1) 次の表の①～⑦に数字を入れなさい。

力の大きさ〔N〕	0	0.2	0.4	0.6	0.8	1.0	1.2
ばねののび〔cm〕	①	②	③	④	⑤	⑥	⑦

(2) (1)の表をもとに、力の大きさとばねののびの関係を表すグラフをかきなさい。

(3) ばねに加える力を2倍、3倍、…と大きくしていくと、ばねののびはどのように変わりますか。 [   ]

(4) ばねに加える力と、ばねののびとの間には、どのような関係がありますか。 [   ]

(5) (4)のような関係を、何の法則といいますか。

[の法則]

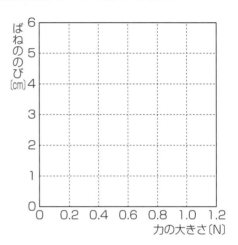

5 右の図のように、0.5kg の本を机の上に置いた。これについて、次の問いに答えましょう。ただし、100g の物体にはたらく重力を 1N とします。

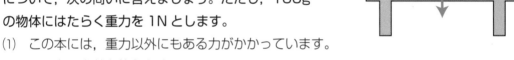

(1) この本には、重力以外にもある力がかかっています。この力の名前を答えなさい。

[   ]

(2) (1)の向きは重力と比べてどうですか。また、その大きさを求めなさい。

向き[   ]   大きさ[N]

6 STEP UP 右の図のように、ある物体をひもで引いたところ、物体は動かなかった。これについて、次の問いに答えましょう。

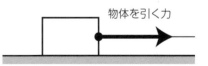
物体を引く力

(1) この物体が動かなかったのは、何という力が原因ですか。 [   ]

(2) (1)の力の大きさと向きは、物体を引く力と比べて、それぞれどうなっていますか。

大きさ[   ]   向き[   ]

1 回路と電流・電圧

オームの法則と電力・熱量の計算をおさえる

✔ チェックしよう！

CHECK 1 回路に流れる電流（I：電流）

> 電流計を並列につなぐと，大きな電流が流れて壊れることがあるよ。

直列回路

$$I_1 = I_2 = I_3$$

並列回路

$$I_1 = I_2 + I_3 = I_4$$

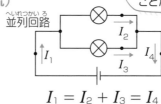

・電流計の使い方

　①回路に直列につなぐ。

　②回路に流れる電流が予想できないときは5Aの−端子につなぐ。

CHECK 2 回路に加わる電圧（V：電圧）

> 電圧計を直列につなぐと，回路に電流がほとんど流れなくなるよ。

直列回路

$$V = V_1 + V_2$$

並列回路

$$V = V_1 = V_2$$

・電圧計の使い方

　①回路に並列につなぐ。

　②回路に加わる電圧が予想できないときは 300 Vの−端子につなぐ。

CHECK 3 オームの法則

電熱線を流れる電流は，電熱線の両端に加わる電圧に比例する。

・抵抗…電流の流れにくさ。単位はオーム（Ω）。

　電圧〔V〕＝ 抵抗〔Ω〕× 電流〔A〕

　$$抵抗〔Ω〕＝\frac{電圧〔V〕}{電流〔A〕}$$

　$$電流〔A〕＝\frac{電圧〔V〕}{抵抗〔Ω〕}$$

> 3つの式のうちの1つを覚えて，必要に応じて変形して計算するといいよ。

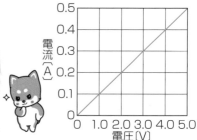

CHECK 4 電力と熱量

・電力…電気器具の能力を示す量。単位はワット（W）。

　電力〔W〕＝電圧〔V〕×電流〔A〕

・熱量…電熱線に電流を流したとき，電熱線から発生する熱の量。単位はジュール（J）。

　熱量〔J〕＝電力〔W〕×時間〔s〕　　（時間が秒（s）であることに注意しよう。）

1 次の直列回路と並列回路の電流 I の関係について，□ にあてはまる記号を書きましょう。

I_1 ① I_2 ② I_3

I_1 ③ I_2 ④ I_3 ⑤ I_4

2 次の直列回路と並列回路の電圧 V の関係について，□ にあてはまる記号を書きましょう。

V ① V_1 ② V_2

V ③ V_1 ④ V_2

3 次の問いに答えましょう。

(1) 8V の電圧を加えたとき，2A の電流が流れる電熱線の抵抗の大きさは何 Ω ですか。

〔　　　　　Ω〕

(2) 抵抗が 20 Ω の電熱線に 10V の電圧を加えると，電熱線には何 A の電流が流れますか。

〔　　　　　A〕

(3) 抵抗が 10 Ω の電熱線に 3A の電流が流れているとき，電熱線の両端には何 V の電圧が加わっていますか。

〔　　　　　V〕

4 次の問いに答えましょう。

(1) 電熱線に 4V の電圧を加えて，2A の電流が流れたとき，電熱線が消費する電力は何 W ですか。

〔　　　　　W〕

(2) 電熱線に 6V の電圧を加えて，0.5A の電流が流れたとき，電熱線が消費する電力は何 W ですか。

〔　　　　　W〕

(3) 電熱線に 6V の電圧を加えて，0.5A の電流を 1 分間流したとき，電熱線から発生した熱量は何 J ですか。

〔　　　　　J〕

(4) 電熱線に 1.5V の電圧を加えて，300mA の電流を 3 分間流したとき，電熱線から発生した熱量は何 J ですか。

〔　　　　　J〕

練習問題

1 ▶ 次の回路の回路図をかきましょう。

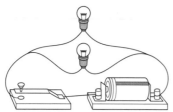

2 ▶ 次の回路図で，点 P を流れる電流の大きさを求めましょう。

(1)
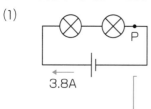

3.8A

[　　　　　 A]

(2)
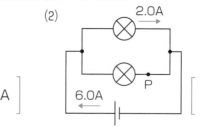

2.0A

6.0A

[　　　　　 A]

3 ▶ 次の回路図で，P の電圧を求めましょう。

(1)
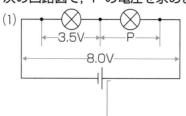

3.5V　P

8.0V

[　　　　　 V]

(2)
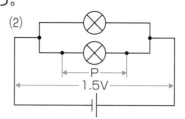

P

1.5V

[　　　　　 V]

4 ▶ 電流計と電圧計をつないだ回路図として正しいものを，次から１つ選びましょう。

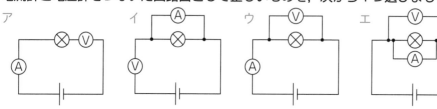

ア　　　イ　　　ウ　　　エ

[　　　　　]

5 ▶ 次の回路で，(1)(2)は抵抗の大きさを，(3)(4)は回路に流れる電流の大きさを求めましょう。

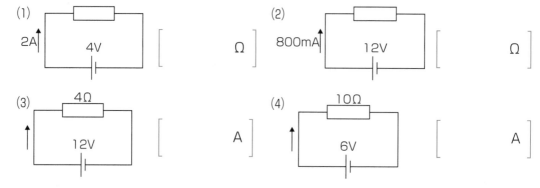

(1)
2A　4V
[　　　　　 Ω]

(2)
800mA　12V
[　　　　　 Ω]

(3)
4Ω　12V
[　　　　　 A]

(4)
10Ω　6V
[　　　　　 A]

5 ▶ 「抵抗 ＝ $\dfrac{電圧〔V〕}{電流〔A〕}$」「電流 ＝ $\dfrac{電圧〔V〕}{抵抗〔Ω〕}$」で求めることができるよ。

6 次の回路で，抵抗に加わる電圧の大きさを求めましょう。

(1) 6Ω　3A

[　　　　　V]

(2) 10Ω　200mA

[　　　　　V]

7 6Vの電圧を加えたときの消費電力が9Wの電熱線に，6Vの電圧を加えた。このとき，次の問いに答えましょう。

(1) 電熱線に流れる電流は何Aですか。

[　　　　　A]

(2) 電熱線の抵抗は何Ωですか。

[　　　　　Ω]

(3) この電熱線に1分間電流を流したとき，電熱線から発生する熱量は何Jですか。

[　　　　　J]

8 抵抗が2Ωの電熱線を用いて，図のような装置をつくり，電熱線に6Vの電圧を加えた。表は，1分ごとの水の温度をまとめたものである。このとき，あとの問いに答えましょう。ただし，電熱線から発生した熱は，すべて水の温度上昇に使われたものとします。

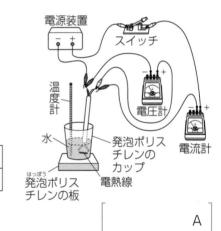

時間〔分〕	0	1	2	3
水の温度〔℃〕	21.0	21.8	22.6	23.4

(1) 電熱線に流れる電流は何Aですか。

[　　　　　A]

(2) 電熱線が消費する電力は何Wですか。

[　　　　　W]

(3) 電熱線に3分間電流を流したとき，電熱線から発生した熱量は何Jですか。

[　　　　　J]

(4) 電熱線に，6分間電流を流したとき，水の温度はおよそ何℃上昇していると考えられますか。

水の上昇温度は，時間に比例しているよ。

[　　　　　℃]

2 電流の正体

静電気が発生するしくみと電流の流れを理解する

チェックしよう!

CHECK 1 静電気

- 静電気…2種類の物質をこすり合わせることで生じる電気。一方が＋の電気を，もう一方が－の電気を帯びる。（例）ストローとティッシュペーパーをこすり合わせたとき，ティッシュペーパーの－の電気がストローに移動することで，ティッシュペーパーは＋の電気を，ストローは－の電気を帯びる。こすったストローどうしは，しりぞけ合う（－と－）。こすったストローとティッシュペーパーは引き合う（－と＋）。

こする前はどちらも電気を帯びていないよ。

ストロー

ティッシュペーパー

- 電気の力（電気力）…同じ種類の電気の間にはしりぞけ合う力がはたらく。ちがう種類の電気の間には引き合う力がはたらく。

CHECK 2 放電と電子

放電管 X, Y に電圧を加えると，陰極線は＋極側に曲がって進むよ。

- 放電…静電気が空間を移動したり，たまった静電気が流れだしたりする現象。
- 真空放電…気圧を低くした空間の中を電流が流れる現象。
- 陰極線（電子線）…－の電気を帯びたものが蛍光板を光らせてできる線。

電極X　蛍光板　真空放電管

－極

陰極線

電極Y　＋極

- 電子…－の電気を帯びた，質量をもつ小さな粒子。－の電気を帯びているために＋極に引きつけられる。陰極線は電子の流れである。
- 電流の正体…電流の正体は電子の流れである。電子の流れは，－極→＋極。電流の流れる向きは，電子の流れる向きの逆で＋極→－極と決められている。

CHECK 3 放射線

- X 線…放電管から最初に発見された放射線。
- 放射線の種類…X 線のほかにも，α 線，β 線，γ 線などがある。
- 放射線の性質…①物質を通りぬける性質（透過性）があり，レントゲン検査などに利用される。②物質を変質させる性質があり，医療や農業，工業などに利用される。
- 放射性物質…放射線を出す物質。
- 放射能…放射線を出す能力。

X 線はドイツの科学者レントゲンが発見したんだよ。

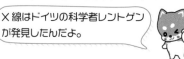

確認問題

1 次の文の ☐ にあてはまることばを書きましょう。

CHECK 1-2

• 2種類の物質をこすり合わせることで生じる電気を ① ☐ という。

このとき，一方は＋の電気を，もう一方は ② ☐ を帯びる。

• 電気が空間を移動したり，たまっていた電気が流れ出したりする現象を

③ ☐ という。

2 右の図で，−の電気を帯びたストローAに，−の電気を
帯びたストローBを近づけたときの，ストロー A のよう
すとして正しいものを，次から1つ選びましょう。

CHECK 1

ア　ストローBに近づく。　イ　ストローBから離れる。

ウ　動かない。　　　　　　　　　☐

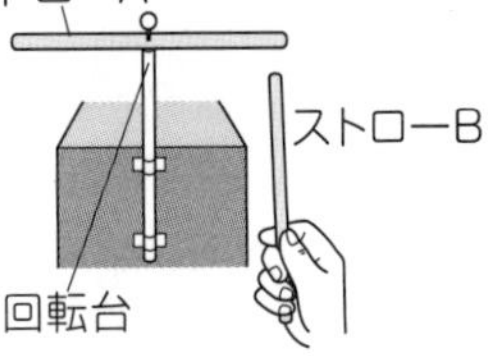

ストローA

ストローB

回転台

3 次の文の ☐ にあてはまることばや記号を書きましょう。

CHECK 2

• 気圧を低くした空間の中を電流が流れる現象を ① ☐ という。

• 真空放電管では一極から，② ☐ の電気を帯びたものが出て，

③ ☐ を光らせる。

• 電子は，④ ☐ の電気を帯びた小さな粒子で ⑤ ☐ 極か

ら出て直進する。

• 電流の正体は ⑥ ☐ の流れであり，⑥が ⑦ ☐ 極から出

て ⑧ ☐ 極へ移動している。

4 蛍光板入りの真空放電管の電極間に電圧を加えた。次の問いに答えましょう。

CHECK 2

(1) 蛍光板を光らせる，光のすじを何といいますか。　☐

(2) (1)は，何極から何極に向かって進みますか。

☐ 極から ☐ 極

5 次の文の ☐ にあてはまることばを書きましょう。

CHECK 3

• 放射線には，物質を ① ☐ する性質があり，医療などさまざまなと

ころで利用されている。

• 放射線を発生させる物質を ② ☐ といい，放射線を出す能力を

③ ☐ という。

✏️ 練習問題

💡 **1** 電気の性質を調べるために，次のような実験を行った。これについて，あとの問いに答えましょう。

【実験Ⅰ】 同じ素材のストローA，Bを糸でつるしたところ，図1のようになった。次に，AとBを同時にティッシュペーパーでこすった。

【実験Ⅱ】 実験Ⅰのあと，ストローBをはずし，ストローAに毛皮でこすったポリ塩化ビニルの棒を近づけたところ，図2のように，ストローAとポリ塩化ビニルの棒は離れた。また，綿の布でこすったガラス棒をストローAに近づけたところ，図3のように，ストローAとガラス棒は引き合った。

図1
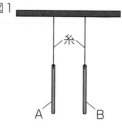

図2

糸 / 毛皮でこすったポリ塩化ビニルの棒 / A

図3
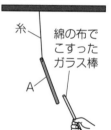
糸 / 綿の布でこすったガラス棒 / A

(1) 実験Ⅰで，ティッシュペーパーでこすったあとの，ストローA，Bのようすとして正しいものを，次から1つ選びなさい。

　ア　ストローAとストローBは引き合う。

　イ　ストローAとストローBはしりぞけ合う。

　ウ　ティッシュペーパーでこする前と同じように動かない。

　　　　　　　　　　　　　　　[　]

(2) 実験Ⅱで，ポリ塩化ビニルの棒とガラス棒に帯びた電気について正しく述べたものを，次から1つ選びなさい。

　ア　ポリ塩化ビニルの棒とガラス棒は，どちらもストローAと同じ種類の電気を帯びている。

　イ　ポリ塩化ビニルの棒は，ストローAと同じ種類の電気を帯びているが，ガラス棒はストローAとちがう種類の電気を帯びている。

　ウ　ポリ塩化ビニルの棒は，ストローAとちがう種類の電気を帯びているが，ガラス棒はストローAと同じ種類の電気を帯びている。

　エ　ポリ塩化ビニルの棒とガラス棒は，どちらもストローAとちがう種類の電気を帯びている。

　　　　　　　　　　　　　　　[　]

(3) ストローBが－の電気を帯びていたとすると，実験Ⅱで，ポリ塩化ビニルの棒をこすった毛皮や，ガラス棒をこすった綿の布は，それぞれ＋，－どちらの電気を帯びていますか。

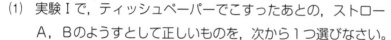

💬 ポリ塩化ビニルの棒やガラス棒が帯びている電気を考えよう。

毛皮 [　]　綿の布 [　]

💡 **1** 同じ種類の電気（＋と＋，－と－）はしりぞけ合い，異なる種類の電気（＋と－）は引き合うよ。

2 図1の回路のPの部分の導線を拡大して模式的に表したも
のが図2である。これについて，次の問いに答えましょう。

図1

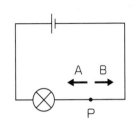

(1) 図2の止まっている大きな粒子と，動き回っている小
さな粒子は異なる電気をもつ。小さな粒子は何ですか。

$$[\qquad\qquad]$$

(2) (1)の小さな粒子がもっている電気は何ですか。

$$[\qquad\qquad] の電気$$

図2

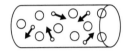

(3) 図1の回路に電流を流したとき，小さな粒子の進む向
きは図1のAとBのどちらですか。

$$[\qquad\qquad]$$

(4) 電流と(1)の小さな粒子について正しいものを，次から1つ選びなさい。

ア　電流と小さな粒子はともに＋極から－極に流れる。

イ　電流と小さな粒子はともに－極から＋極に流れる。

ウ　電流は＋極から－極に流れ，小さな粒子は－極から＋極に流れる。

エ　電流は－極から＋極に流れ，小さな粒子は＋極から－極に流れる。

$$[\qquad\qquad]$$

3 **STEP UP** 図1のようなクルックス管（真空放電管）
で，電極Aが－極に，電極Bが＋極になるよう
に電圧を加えると，蛍光板に明るいすじが見え
た。これについて，次の問いに答えましょう。

図1

(1) 電極X，Yに電圧を加えると，明るいすじ
は図2のように曲がった。電極X，Yはそ
れぞれ何極か。次から1つ選びなさい。

ア　電極X，電極Yはともに＋極である。

イ　電極X，電極Yはともに－極である。

ウ　電極Xは＋極，電極Yは－極である。

エ　電極Xは－極，電極Yは＋極である。

図2

$$[\qquad\qquad]$$

(2) 図2のように，明るいすじが曲がったのはなぜか。その理由を簡単に書きなさい。

$$[\qquad\qquad\qquad\qquad]$$

ちがう種類の電気は引き合うよ。

3 電流と磁界

電流が磁界から受ける力を理解する

✔ チェックしよう！

CHECK 1 磁界（じかい）

磁力線の矢印の向きは，方位磁針のN極がさす向きだよ。

- 磁力（じりょく）…磁石による力。
- 磁界…磁力のはたらく空間。
- 磁界の向き…方位磁針のN極がさす向き。
- 磁力線…磁石のN極から出てS極へ向かう，磁力の
  はたらく方向を表す線。線の間隔（かんかく）がせまいほど，磁界が強い。

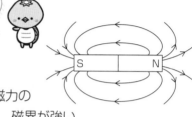

CHECK 2 電流がつくる磁界

- 電流による導線の
  まわりの磁界

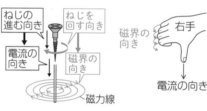

電流の向きと磁界の向きの関係を覚えようね。

- 電流によるコイルの
  まわりの磁界

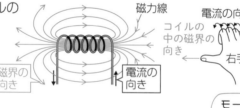

モーターのしくみになっているよ。

CHECK 3 電流が磁界から受ける力

[実験] 図1のように，U字形磁石の磁界の中に導線をつるし電流を
流すと，導線が矢印の方向（力の向き）に動いた。

- 電流の向きを逆にすると，力の向きは逆向きになる。
- 磁界の向きを逆にすると，力の向きは逆向きになる。
- 電流を大きくすると，受ける力は大きくなる。

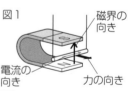

CHECK 4 電磁誘導（でんじゆうどう）と誘導電流（ゆうどうでんりゅう）

S極を遠ざけるとA向きに電流が流れるよ。N極を近づけたときの逆の逆と考えるといいね。

[実験] 図2のようにコイルに
磁石のN極を近づけるとA向きに，S極を近づけると
B向きに，N極を遠ざけるとB向きに電流が流れる。

- 電磁誘導…コイルに磁石を出し入れしたとき，コイルの中の磁界
  が変化して，コイルに電流が流れる現象。
- 誘導電流…電磁誘導によって生じる電流。

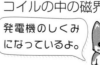

発電機のしくみになっているよ。

確認問題

1 次の文の ☐ にあてはまることばを書きましょう。

- 磁石には N 極と ① ☐ がある。

- ２つの磁石で，同じ極どうしを近づけると ② ☐ が，異なる極どう

  しを近づけると ③ ☐ 。

CHECK 1

2 次の文の ☐ にあてはまることばを書きましょう。

- 磁石のまわりの磁力のはたらいている空間を ① ☐ という。

- 磁石のまわりに置いた方位磁針の ② ☐ 極がさす向きが，

  ③ ☐ の向きである。

- ③の向きを，磁石の N 極から S 極までつないでできる線を ④ ☐ と

  いい，⑤ ☐ 極と ⑥ ☐ 極を結ぶ曲線になる。

CHECK 2

3 次の図で，磁界の向きは a，b のどちらですか。

(1)

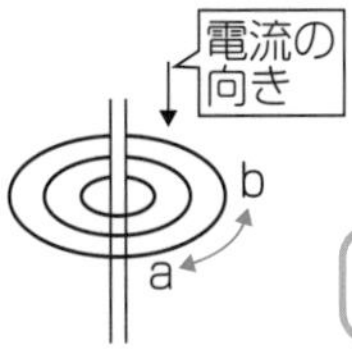

電流の向き

(2)

電流の向き

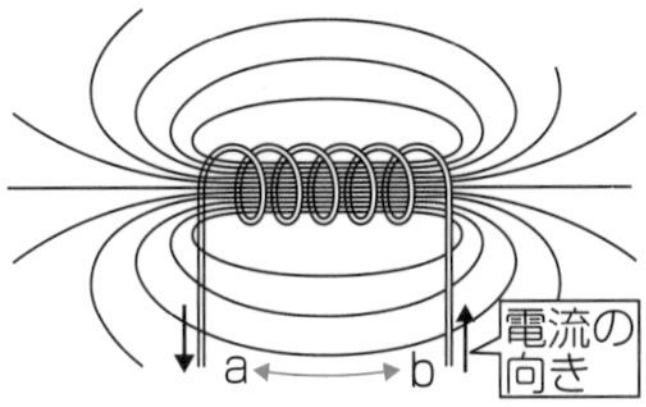

CHECK 3

4 右の図のような装置で，電流を A から B の向きに流すと，
導線はエの向きに動いた。次の問いに答えましょう。

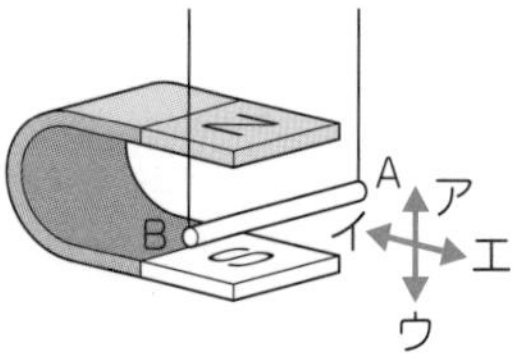

(1) 電流の向きを B から A の向きにすると，導線はア〜
エのどの向きに動きますか。 ☐

(2) 電流の向きは A から B のままで，磁石の極を入れかえると，
導線はア〜エのどの向きに動きますか。 ☐

CHECK 4

5 右の図のように，コイルに磁石の N 極を近づけると，A の向きに電流が流れた。
次の問いに答えましょう。

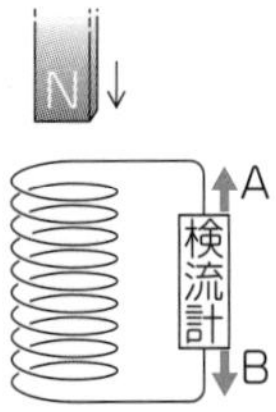

(1) このとき流れた電流を何といいますか。 ☐

(2) N 極を遠ざけたときに流れる電流の向きは
A，B のどちらですか。 ☐

✎ 練習問題

1▶ 右の図は磁石のまわりの磁力線を表したものである。これについて，次の問いに答えましょう。

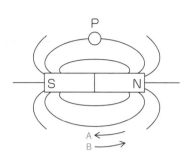

(1) 図の磁力線の向きは，AとBのどちらですか。　[　　　]

(2) 図のPの位置に方位磁針を置いたとき，方位磁針のようすとして正しいものを，次から1つ選びなさい。

[　　　]

2▶ 図1は，導線に電流を流し①，②の位置に方位磁針を置いたものである。図2は，コイルに電流を流したときにできる磁界のようすを表したもので，矢印は磁界の向きを表している。これについて，次の問いに答えましょう。

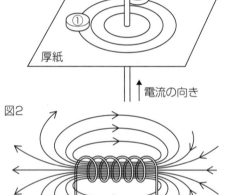

(1) 図1の①，②に置いた方位磁針のようすを，次からそれぞれ1つずつ選びなさい。

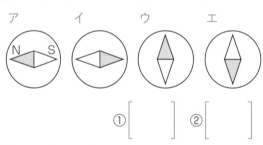

① [　　　]　② [　　　]

(2) 磁界のようすを表した，矢印のついた線を何といいますか。　[　　　　　　]

💡(3) 磁界の向きが図2のようになるとき，流れる電流の向きはa, bのどちらの向きですか。

[　　　　　　]

(4) (2)の間隔と磁界について正しいものを，次から1つ選びなさい。

ア　線の間隔がせまいところほど，磁界が弱いことを示している。

イ　線の間隔がせまいところほど，磁界が強いことを示している。

ウ　線の間隔と磁界の強さは関係がない。

[　　　　　　]

 2▶ (3)右手の親指をコイルの中の磁界の向きに合わせると，4本の指の向きが電流の向きになるよ。

3 ▶ 右の図のような回路をつくり，棒磁石のN極をコイルに近づけた。このとき，検流計の針が左に振れ，矢印の向きに電流が流れたことがわかった。これについて，次の問いに答えましょう。

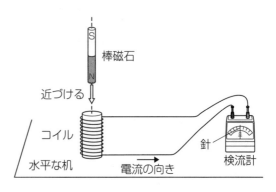

棒磁石

近づける

コイル

水平な机

電流の向き

針

検流計

(1) コイルに棒磁石を近づけると，コイルの中の磁界が変化し，コイルに電流が流れる。この電流を何といいますか。

[   ]

(2) 棒磁石のS極をコイルに近づけると，検流計の針は，左，右のどちらに振れますか。

[   ]

(3) 棒磁石のN極をコイルの中に入れ，静止させた状態にしておくと，検流計の針の振れはどのようになるか。正しいものを1つ選びなさい。

　ア　左に振れる。

　イ　右に振れる。

　ウ　どちらにも振れない。

磁石を動かすと，磁界が変化するよ。

[   ]

4 ▶ 右の図のような装置をつくり，コイルに電流を流すとコイルが矢印の向きに動いた。これについて，次の問いに答えましょう。

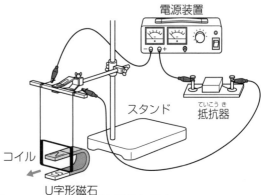

電源装置

スタンド

抵抗器

コイル

U字形磁石

(1) 電流の向きを変えると，コイルの動きはどうなるか。次から1つ選びなさい。

　ア　同じ向きに動く。

　イ　逆向きに動く。

　ウ　動かない。

[   ]

(2) U字形磁石のN極とS極を入れかえると，コイルの動きはどうなるか。次から1つ選びなさい。

　ア　同じ向きに動く。　　　イ　逆向きに動く。　　　ウ　動かない。

[   ]

(3) 電流の向きを変え，さらにU字形磁石の極を入れかえると，コイルの動きはどうなるか。次から1つ選びなさい。

　ア　同じ向きに動く。　　　イ　逆向きに動く。　　　ウ　動かない。

[   ]

(4) 図のようなしくみを利用したものはどれか。次から1つ選びなさい。

　ア　発電機　　　イ　光ファイバー　　　ウ　モーター

[   ]

(5) 図よりもコイルの動きを大きくするためにはどうすればよいか。簡単に書きなさい。

[   ]

① 地震

地震のゆれと地震が発生するしくみを理解する

✔ チェックしよう！

地震の発生とゆれ

震源からその地震の観測地点までの距離を震源距離というよ。

・震源…地震が発生した地下の場所。
・震央…震源の真上に位置する地上の地点。
・初期微動…P波によって，はじめに起こる小さなゆれ。
・主要動…S波によって，あとから来る大きなゆれ。
・初期微動継続時間…P波が到着してからS波が到着するまでの時間。震源からの距離が大きくなるほど，長くなる。

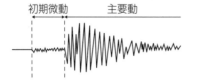

初期微動 　 主要動

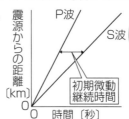

震源からの距離〔km〕

P波　S波

初期微動継続時間

0　時間〔秒〕

初期微動継続時間から震源距離を求めることができるよ。

震度とマグニチュード

震度5と6には強弱があるよ。

・震度…ある地点での地震によるゆれの大きさ。
　震度の階級は，0～7の10段階で表される。
・マグニチュード（M）…地震そのものの規模の大きさ。
　マグニチュードが1大きくなると，エネルギーは約32倍になる。

海溝型地震が起こるしくみ

日本海　日本列島　日本海溝　太平洋
直下型地震の震源　海洋プレート
大陸プレート
× 地震が発生しやすい所
← プレートが動く向き
大地震が発生しやすい所

・プレート…地球表面をおおっている，十数枚の岩石のかたまり。
・地震が起こるしくみ
　①海洋プレートが大陸プレートの下に沈みこむ。
　②大陸プレートが海洋プレートに引きずりこまれる。
　③大陸プレートがもとにもどるとき，地震が起こる。

震源は太平洋側から日本海側に向かって深くなっているよ。

大地の変動

・断層…大地が割れてできたずれ。くり返し活動したあとがあり，今後も地震を起こす可能性のある断層を活断層という。
・しゅう曲…大地が波打つように曲がること。
・隆起…大地がもち上がること。　　　　　・沈降…大地が沈むこと。
・海岸段丘…海岸ぞいにできる，平らな土地と急ながけが階段状に並んだ地形。

CHECK 1

1 次の文の ☐ にあてはまることばを書きましょう。

- 地震のゆれで，はじめにくる小さなものを ① ☐ といい，

  ② ☐ 波によって起こる。

- 地震のゆれで，あとからくる大きなものを ③ ☐ といい，

  ④ ☐ 波によって起こる。

- ②波が到着してから④波が到着するまでの時間のことを ⑤ ☐

  という。

CHECK 1

2 次の図は，地震が発生したときのようすを表したものである。 ☐ にあてはまることばを書きましょう。

① ☐

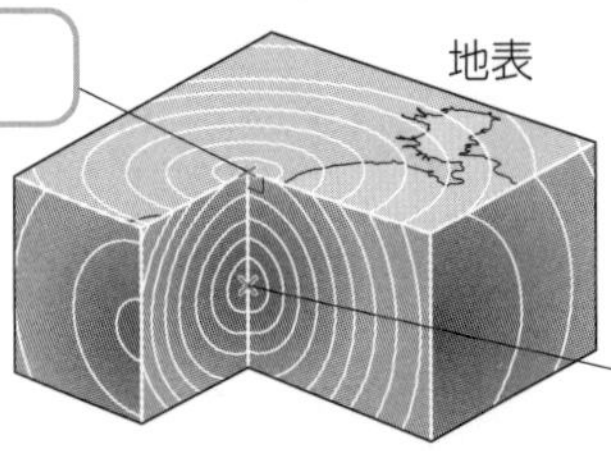

地表

② ☐

地震の波の伝わり方を確かめよう。

CHECK 2-4

3 次の文の ☐ にあてはまることばを書きましょう。

- 地震によるゆれの大きさを ① ☐ という。

- 地震の規模の大きさを ② ☐ といい，記号は ③ ☐ で表す。

- 日本付近の震源の分布に注目すると，④ ☐ にそって震源の浅い地震が

  多い。これは，⑤ ☐ プレートが ⑥ ☐ プレートの下に沈み

  こみ，岩石が破壊されて地震が起こるからである。

- 大地が割れてできたずれを ⑦ ☐ という。⑦のうち，今後も活動して

  地震を起こす可能性がある断層を ⑧ ☐ という。また，海岸ぞいにで

  きる，平らな土地と急ながけが階段状に並んだ地形を ⑨ ☐ という。

- 緊急地震速報は ⑩ ☐ 波と ⑪ ☐ 波の ⑫ ☐ の

  ちがいを利用して発表されている。

練習問題

1 右の図は，地震のゆれを記録したものである。これについて，次の問いに答えましょう。

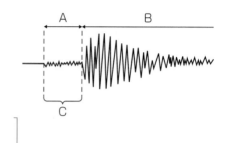

(1) はじめにくる，A のゆれを何といいますか。また，A のゆれを起こす波は何ですか。

ゆれ [   ]　　波 [   ]

(2) あとからくる B のゆれを何といいますか。また，B のゆれを起こす波は何ですか。

ゆれ [   ]　　波 [   ]

(3) A のゆれが続く C の時間を何といいますか。

[   ]

(4) この地点での C の時間を 20 秒とする。右のグラフを参考に，この地点の震源からの距離を求めなさい。このグラフは，A の波と B の波が発生してから到達するまでの時間と，震源からの距離との関係を表したものである。

[   ] km

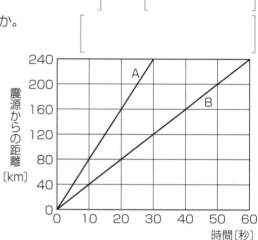

(5) 地震について誤っているものを，次から 1 つ選びなさい。

ア　地震のゆれは，地下のマグマに流れが起こって発生する。
イ　初期微動継続時間は，震源からの距離が大きいほど長くなる。
ウ　地震の波は，ほぼ一定の速さで伝わる。

[   ]

初期微動断続時間は震源からの距離に比例するよ。

2 次の問いに答えましょう。

(1) 大地に力が加わってできたずれを何といいますか。

[   ]

(2) 大規模な地震が起こり，大地がもち上がることを何といいますか。

[   ]

(3) 震度やマグニチュードについて述べた文として正しいものを，次から 1 つ選びなさい。

ア　マグニチュードが小さいと，被害も小さい。
イ　震度は場所によってちがう。
ウ　マグニチュードは場所によってちがう。
エ　震源からの距離が同じであれば震度は同じである。

[   ]

1 (4) （B の波が到達する時刻）−（A の波が到達する時刻）＝（初期微動継続時間）

3 ▶ 右の図は，日本付近のプレートのようすと地震が起こるところを表したものである。次の問いに答えましょう。

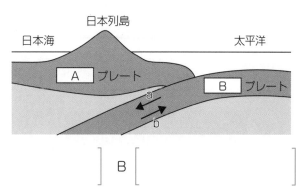

日本海　　　日本列島　　　　　　太平洋

A　プレート

B　プレート

a
b

(1) 図の A，B にあてはまることばを書きなさい。

プレートは岩石のかたまりだよ。

A [　　　　　　　　　　] B [　　　　　　　　　　]

(2) B のプレートは，a，b のどちらに動いていますか。

[　　　　　　]

(3) 震源の分布について正しいものを，次から 1 つ選びなさい。

ア　震源の深さは，北へ行くほど深く，南へ行くほど浅くなる。

イ　震源の深さは，太平洋側で浅く，日本海側で深くなる。

ウ　震源の深さは，場所によらず，ほとんど変わらない。

エ　震源の深さがどのように決まるのか，今でもよくわかっていない。

[　　　　　　]

(4) 海溝型の地震が起こる原因として正しいものを，次から 1 つ選びなさい。

ア　海洋プレートが大陸プレートの下に沈みこんで，岩石が破壊される。

イ　大陸プレートが海洋プレートの下に沈みこんで，岩石が破壊される。

ウ　海洋プレートが大陸プレートに正面からぶつかり，岩石が破壊される。

エ　大陸プレートと海洋プレートが離れていくことで，岩石が破壊される。

[　　　　　　]

4 ▶ 表はある地点の地震のゆれを観測した結果である。次の問いに答えましょう。ただし，地震のゆれは一定の速さで伝わるものとする。

震源からの距離	P 波の到着時刻	S 波の到着時刻
60km	7 時 3 分 42 秒	7 時 3 分 52 秒
90km	7 時 3 分 47 秒	7 時 4 分 02 秒
150km	7 時 3 分 57 秒	7 時 4 分 22 秒

(1) 表より P 波と S 波の速さを求めなさい。

地震の波の到着時刻と震源距離のそれぞれの差からP波，S波の速さが求まるよ。

P波 [　　　　　　　　] S波 [　　　　　　　　]

(2) この地震の発生時刻を求めなさい。

[　　　　　　　　]

(3) この地震で，震源から 18km 離れた地点に P 波が到着してから 5 秒後に緊急地震速報が発表された。震源から 120km 離れた地点で緊急地震速報が発表されてから主要動が観測されるまでの時間が，何秒であったか求めなさい。

[　　　　　　秒]

② 火山

火山の形のちがいと火山岩と深成岩のつくりを覚える

✔ チェックしよう!

CHECK 1 火山の噴火

- マグマ…地下にある岩石が，地球の内部の熱によってどろどろにとけたもの。
- 火山噴出物…噴火のときにふき出されたもの。溶岩や火山灰，火山弾，火山ガスなど。
- 鉱物…火山噴出物にふくまれるマグマが冷えてできた粒で，結晶になったもの。

  無色鉱物⇨セキエイ，チョウ石など

  有色鉱物⇨クロウンモ，カクセン石，キ石，カンラン石など

CHECK 2 マグマと火山

火山の形	傾斜のゆるやかな形	円すいの形	ドーム状の形
マグマのねばりけ	弱い ⟷		強い
噴火のようす	おだやか ⟷		激しい
火山噴出物の色	黒っぽい ⟷		白っぽい
火山の例	マウナロア キラウェア	桜島 浅間山	昭和新山 雲仙普賢岳

水蒸気や二酸化炭素，二酸化硫黄など

噴煙

直径2mm以下

火山灰，火山れきなど

火山ガス

火山弾

溶岩

マグマだまり

> 火山の形はマグマのねばりけによってちがうよ。

CHECK 3 火成岩…マグマが冷え固まってできた岩石。

種類	火山岩	深成岩
できた場所	地表や地表付近	地下の深いところ
でき方	急に冷えて固まる	ゆっくり冷えて固まる
つくり	斑状組織 細かい粒の部分（石基）の中に，比較的大きな鉱物（斑晶）が散らばっている。 石基 斑晶	等粒状組織 ほぼ同じ大きさの鉱物が集まっている。
岩石の例	流紋岩，安山岩，玄武岩	花こう岩，せん緑岩，斑れい岩

> 火成岩がどこでできたかがポイントだよ。

CHECK
1-2

1 次の文の ☐ にあてはまることばを書きましょう。

• 地下にある岩石が，地球内部の熱でどろどろにとけたものを ① ☐
という。火山が噴火したときに噴出する，溶岩や火山ガス，火山弾などを

② ☐ という。

• マグマのねばりけが ③ ☐ とおだやかに噴火し，マグマのねばり

けが ④ ☐ と激しく噴火する。

• マグマのねばりけが ⑤ ☐ と傾斜のゆるやかな形の火山になり，

マグマのねばりけが ⑥ ☐ とドーム状の形の火山になる。

• マグマのねばりけが強い火山の火山噴出物の色は ⑦ ☐ ，

マグマのねばりけが弱い火山の火山噴出物の色は ⑧ ☐ 。

CHECK
3

2 次の文の ☐ にあてはまることばを書きましょう。

• マグマが，地表や地表付近で ① ☐ 冷えて固まった岩石を

② ☐ という。

• マグマが，地下の深いところで ③ ☐ 冷えて固まった岩石を

④ ☐ という。

• 火山岩は，⑤ ☐ 組織，深成岩は，⑥ ☐ 組織をもつ。

• 火山岩には，流紋岩，安山岩，⑦ ☐ がある。

• 深成岩には，⑧ ☐ ，せん緑岩，斑れい岩がある。

CHECK
3

3 次の図は，火山岩のつくりを表したものである。☐ にあてはまることばを書
きましょう。

① ☐

② ☐

✏ 練習問題

1 ▷ 右の図は，火山が噴火しているようすを模式的に表したものである。これについて，次の問いに答えましょう。

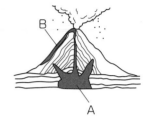

(1) 火山の噴火とは，A が地表にふき出すことである。A を何といいますか。

[   ]

(2) 火山ガスにふくまれる成分のうち，最も多くふくまれているものは何ですか。

[   ]

(3) B は，A が地表に流れ出したものである。B を何といいますか。[   ]

(4) 火山の噴火によってふき出されたものを火山噴出物といい，いろいろなものがある。次の火山噴出物を何といいますか。

① マグマが冷えて固まったものが爆発によって細かく割れたもので，直径 2 mm 以下の粒。

② 空中で冷えて固まったもので，固まる前に火山ガスがぬけ出ることで，多数の穴があいた石。

① [   ] ② [   ]

2 ▷ 右の図は，いろいろな火山の形を模式的に表したものである。これについて，次の問いに答えましょう。

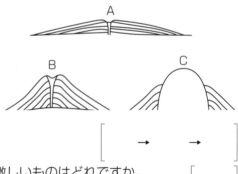

💡(1) 火山の形は，マグマのねばりけのちがいによって決まる。A～C をマグマのねばりけの強いほうから順に並べなさい。

[→   →   ]

(2) A ～ C のうち，火山の噴火のようすが最も激しいものはどれですか。

[   ]

(3) A～C のうち，火山噴出物の色が最も黒っぽいものはどれですか。

[   ]

(4) A，B のような形をした火山を，次からそれぞれ 2 つずつ選びなさい。

ア 昭和新山　　　イ キラウェア　　　ウ 浅間山
エ 雲仙普賢岳　　オ マウナロア　　　カ 桜島

火山を 3 つの形に分類してみよう。

A [   ][   ]

B [   ][   ]

💡 **2** ▷(1)ねばりけが弱いと流れ出やすく，ねばりけが強いと流れ出にくいよ。

3 右の図は，安山岩と花こう岩のつくりを表したものである。これについて，次の問いに答えましょう。

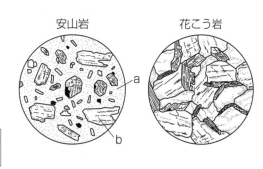

安山岩　　　　　花こう岩

(1) 安山岩や花こう岩のように，マグマが冷えてできた岩石を何といいますか。

[　　　　　　　　　　]

(2) 安山岩に見られる細かい粒の部分aと，大きな鉱物の部分bをそれぞれ何といいますか。

a [　　　　　　　] b [　　　　　　　]

(3) 安山岩のような岩石のつくりを何組織といいますか。

[　　　　　組織]

(4) 花こう岩のように，ほぼ同じ大きさの鉱物が集まっている岩石のつくりを何組織といいますか。

 等しい大きさの「粒」がそろっている，ということだね。

[　　　　　組織]

(5) 安山岩と花こう岩のうち，より白っぽい岩石はどちらですか。

[　　　　　　　　　　]

4 右の図は，2種類の火成岩を観察してスケッチしたものである。これについて，次の問いに答えましょう。

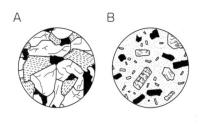

A　　　　　　B

(1) 火成岩のうち，A，Bのようなつくりをもつ岩石の種類をそれぞれ何といいますか。

A [　　　　　　　] B [　　　　　　　]

(2) Bのようなつくりをもつ火成岩を，次からすべて選びなさい。

ア　花こう岩　　　イ　せん緑岩　　　ウ　流紋岩
エ　安山岩　　　オ　玄武岩　　　カ　斑れい岩

[　　　　　　　]

 2種類の岩石に分類してみよう。

(3) Aの岩石のでき方を，できる場所と冷え方に注目して書きなさい。

[　　　　　　　　　　　　　　　　　　　　　　　]

(4) Bの岩石のでき方を，できる場所と冷え方に注目して書きなさい。

[　　　　　　　　　　　　　　　　　　　　　　　]

③ 地層

地層や堆積岩、化石から柱状図を読みとれるようになる

✔ チェックしよう！

CHECK 1 流れる水のはたらき

流れる水のはたらきによって
V字谷，扇状地，三角州など
の地形ができるよ。

- 風化…太陽の熱や水のはたらきで，地表の岩石が表面からくずれていくこと。
- 侵食…流水が，地表の土や岩石を少しずつけずりとること。
- 運搬…流水が，土砂（れき，砂，泥など）を下流へ運んでいくこと。
- 堆積…水が土砂などを水底に積もらせること。

雨・風
風化・侵食
運搬
堆積
海

CHECK 2 地層のでき方

- 海や湖に流れこんだ土砂が，水底に堆積する。これがくり返されて地層ができる。
- 粒の大きなれきなどは速く沈み，粒の小さな泥などは沖まで運ばれて堆積する。

CHECK 3 堆積岩…地層をつくる堆積物が，長い年月の間に押し固められてできた岩石。

堆積岩	堆積物	特徴など
れき岩	流水によって運ばれた岩石などのかけら。	れき（直径2mm以上）
砂岩		砂（直径0.06〜2mm）
泥岩		泥（直径0.06mm以下）
石灰岩	水中の生物の遺がいなど。	うすい塩酸をかけると二酸化炭素が発生する。
チャート		うすい塩酸をかけても気体は発生しない。
凝灰岩	火山灰，火山れき，軽石などの火山噴出物。	粒は角ばっている。

流水によって運ばれた岩石の粒は丸みを帯びているよ。

CHECK 4 地層の観察

- 下にある層ほど古く，上にある層ほど新しい。
- れきの層→海岸近くで堆積。
- 砂の層→少し沖で堆積。・泥の層→沖合で堆積。
- 火山灰の層→堆積した当時，火山の噴火があった。
- 化石をふくむ層→堆積した当時の環境や時代（地質年代）がわかる。

火山灰や化石など，地層のつながりを知る手がかりとなる地層をかぎ層というよ。

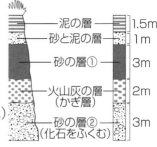

泥の層 — 1.5m
砂と泥の層 — 1m
砂の層① — 3m
火山灰の層（かぎ層）— 2m
砂の層②（化石をふくむ）— 3m

地層の重なり方を一本の柱のように表したものを柱状図という。

CHECK 5 化石…生物の死がいや，すんでいたあとが地層中に残っているもの。

- 示相化石…地層ができた当時の環境がわかる。（例）サンゴ→あたたかく浅い海
- 示準化石…地質年代がわかる。（例）古生代→フズリナ，サンヨウチュウ
  中生代→恐竜，アンモナイト　新生代→ビカリア，ナウマンゾウ

確認問題

CHECK 1

1 次の ☐ にあてはまることばを書きましょう。

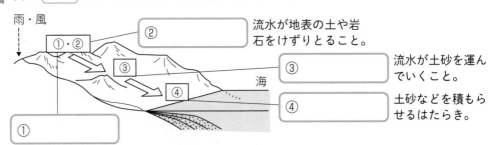

雨・風

①・②

②　流水が地表の土や岩石をけずりとること。

③　流水が土砂を運んでいくこと。

④　土砂などを積もらせるはたらき。

海

①　太陽や水のはたらきで，岩石が表面からくずれていくこと。

CHECK 3

2 次の文の ☐ にあてはまることばを書きましょう。

・地層をつくっている堆積物が，長い年月の間に押し固められてできた岩石を

　① ☐ という。

・①の粒は，ふつう ② ☐ を帯びている。

・れき岩，③ ☐ 岩，泥岩は，粒の大きさによって区別される。

・水中の生物の遺がいなどが堆積してできた ④ ☐ は，うすい塩酸をかけると気体が発生する。

・火山灰，火山れき，軽石などの火山噴出物が堆積してできた堆積岩を

　⑤ ☐ という。

CHECK 4-5

3 次の文の ☐ にあてはまることばを書きましょう。

・地層の重なり方を一本の柱のように表したものを ① ☐ という。

・地層ができた当時の環境がわかる化石を ② ☐ という。

・アサリやハマグリの化石が見つかれば，その地層ができた当時

　③ ☐ であったことがわかる。

・アンモナイトの化石が見つかれば，その地層ができた年代は

　④ ☐ であったことがわかる。

85

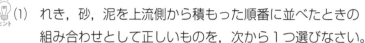

練習問題

1▶ 下の図のように，流水台に土砂をのせ，水を上から流してれき，砂，泥の広がりを観察した。これについて，次の問いに答えましょう。

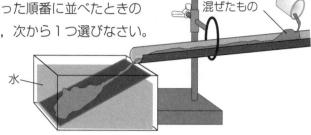

(1) れき，砂，泥を上流側から積もった順番に並べたときの組み合わせとして正しいものを，次から1つ選びなさい。

ア　砂　泥　れき

イ　砂　れき　泥

ウ　れき　砂　泥

エ　れき　泥　砂

[　　　]

(2) この実験で観察できるものと同様に，実際の地形でも，川の上流から運ばれた土砂が堆積し，山地から平野に出たところで扇を広げたような形の平らな地形ができる。この地形を何といいますか。

[　　　　　　　　　　　　　　　　]

2▶ 次の図は5種類の堆積岩を観察してスケッチしたものである。これについて，あとの問いに答えましょう。

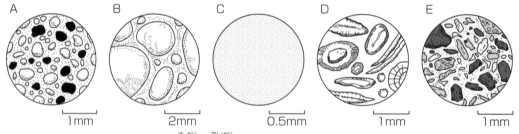

(1) A〜Cの岩石は，れき岩，砂岩，泥岩のいずれかであることがわかった。れき岩，砂岩，泥岩は，何によって区別されるか。次から1つ選びなさい。

ア　粒のかたさ　　　イ　粒の直径

ウ　粒の重さ

A〜Cの岩石の粒は，どれも丸みを帯びているよ。

[　　　]

(2) Dの岩石をある方法で調べたところ，生物の遺がいなどが堆積してできた石灰岩であることがわかった。調べた方法として正しいものを，次から1つ選びなさい。

ア　うすい塩酸をかけると水素が発生する。

イ　うすい塩酸をかけると二酸化炭素が発生する。

ウ　うすい過酸化水素水をかけると水素が発生する。

エ　うすい過酸化水素水をかけると二酸化炭素が発生する。

[　　　]

(3) Eの岩石は，火山灰などが堆積してできた岩石であった。Eの岩石の名前を答えなさい。

Eの岩石の粒は角ばっているよ。

[　　　　　　]

1▶（1）粒が大きいものほど近くに積もり，粒が小さいものほど遠くまで運ばれるよ。

3 次の問いに答えましょう。

(1) 次の文の [　　] にあてはまることばを書きなさい。
　地層中に残された生物の死がいや，すんでいたあとなどを ① という。①のうち，地層が堆積した当時の環境を知る手がかりとなるものを ② ，地層が堆積した年代を知る手がかりとなるものを ③ という。

① [　　　　　　　　　]　② [　　　　　　　　　]　③ [　　　　　　　　　]

(2) 次の環境や年代に生きていたと思われる(1)の①を，あとの [　　] から１つずつ選びなさい。

A　湖や河口 [　　　　　　]　　B　あたたかくて浅い海 [　　　　　]

C　浅い海 [　　　　　　]　　D　新生代 [　　　　　]

| アサリ　　サンゴ　　シジミ　　サンヨウチュウ |
| アンモナイト　　恐竜　　ナウマンゾウ |

4 次の問いに答えましょう。

(1) 次の文の [　　] にあてはまることばをあとの [　　] から選んで書きなさい。
　海岸近くで堆積した地層は ① でできていることが多く，沖合いで堆積した地層は ② でできていることが多い。また，その中間で堆積した地層は ③ でできていることが多い。

| 砂　　れき　　泥 |

① [　　　　　　　　　]　② [　　　　　　　　　]　③ [　　　　　　　　　]

(2) 右の図のように，地層の重なりを一本の柱のように表したものを何といいますか。
[　　　　　　　]

泥の層
砂と泥の層
砂の層①
凝灰岩の層
砂の層②（化石をふくむ）

(3) 右の図の地層では，砂の層①と泥の層では，どちらが新しくできた層といえますか。
[　　　　　　　]

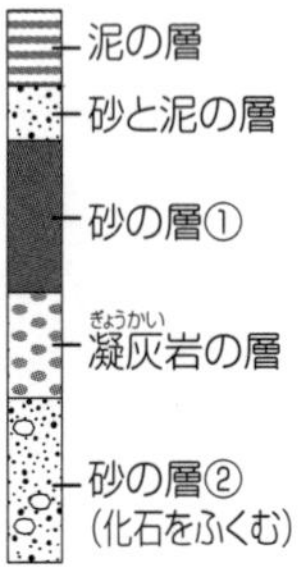

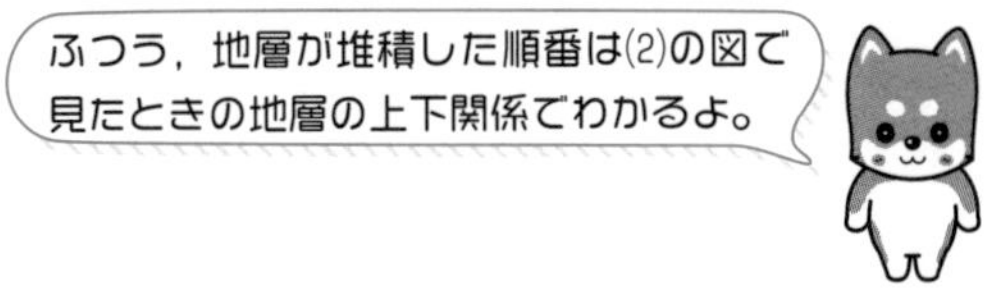

ふつう，地層が堆積した順番は(2)の図で見たときの地層の上下関係でわかるよ。

(4) 凝灰岩の層や化石をふくむ層のように，地層のつながりを知る手がかりとなる層を何といいますか。
[　　　　　　　]

(5) 凝灰岩の層が堆積した当時，この付近でどのようなことがあったことがわかるか。簡単に書きなさい。

[　　　　　　　　　　　　　　　　　　　　　　　　]

1 大気中の水蒸気と雲のでき方

飽和水蒸気と露点をおさえる

✔ チェックしよう！

 雲のでき方

> 霧は地表付近で空気中の水蒸気が冷やされてできるよ。

・＜雲ができやすいとき＞
　上昇気流（上昇する空気の動き）があるところでは，上昇した空気の気圧が低くなり，温度が下がるので，水蒸気の一部が水滴や氷の粒になって，雲ができる。

・上昇気流が起きるとき

> 霧も雲も，空気中の水蒸気が冷やされてできた小さな水滴の集まりだよ。

地表が熱せられるとき

温度のちがう空気がぶつかるとき

山の斜面を空気が上がっていくとき

・＜雲ができにくいとき＞
　下降気流（下降する空気の動き）があるところでは，下降した空気の気圧は高くなり，温度が上がるので，雲ができにくい。

・雨や雪などをあわせて降水という。降水をもたらす雲には積乱雲や乱層雲がある。

CHECK 2 空気中の水蒸気

・飽和水蒸気量
　空気1m³中にふくむことができる水蒸気の最大量。

・露点…空気中の水蒸気が凝結して，水滴になりはじめるときの温度。

・気温と飽和水蒸気量

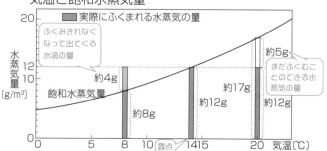

CHECK 3 地球上で水や風が移動するしくみ

・水の循環には太陽光のエネルギーが関係している。

・風は気圧の高いところからふき出し，気圧の低いところにふきこむ。

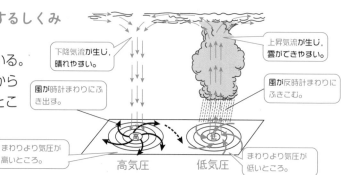

下降気流が生じ，晴れやすい。

上昇気流が生じ，雲ができやすい。

風が時計まわりにふき出す。

風が反時計まわりにふきこむ。

まわりより気圧が高いところ。

まわりより気圧が低いところ。

高気圧　　低気圧

確認問題

CHECK 1

1 次の文の ☐ にあてはまることばを書きましょう。

• 霧や雲は，水蒸気が冷やされてできた小さな ① [_____] の集まりである。

• 上昇気流のあるところでは ② [_____] ができやすい。

• 空気が上昇すると，まわりの気圧が ③ [_____] なり，気温が

④ [_____] なる。よって，①や ⑤ [_____] ができる。

CHECK 2

2 次の文の ☐ にあてはまることばを書きましょう。

• 空気 1 m³ 中にふくむことのできる水蒸気の最大量を ① [_____] という。

• 空気中の水蒸気が水滴になることを ② [_____] といい，このときの温度を

③ [_____] という。

CHECK 2

3 右の図は，気温と飽和水蒸気量の関係をグラフに
したものである。気温 20℃，水蒸気量 12.8g/m³
の空気について，次の問いに答えましょう。

(1) この空気 1 m³ 中にまだふくむことのできる
水蒸気量は何 g ですか。 [_____] g

(2) この空気の露点は何℃ですか。 [_____] ℃

(3) この空気を 10℃まで下げると，空気 1 m³
あたり何 g の水滴ができますか。 [_____] g

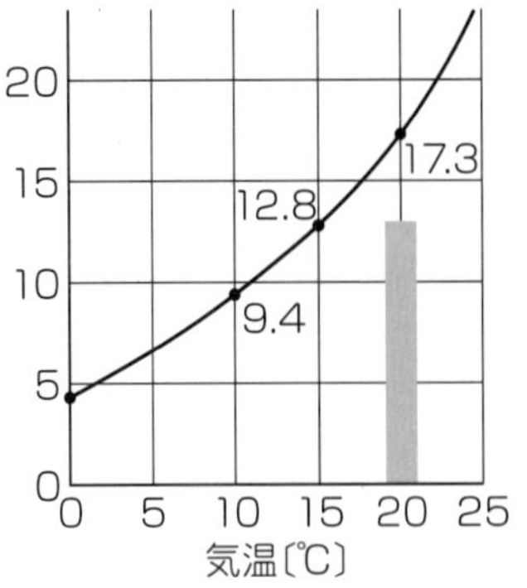

CHECK 3

4 次の文の ☐ にあてはまることばを書きましょう。

• 右の図のAのように，まわりより気圧が高いところを

① [_____] といい，Bのように，まわりより気

圧が低いところを ② [_____] という。

• 高気圧では，③ [_____] まわりに風がふき出し，

中心付近では ④ [_____] 気流が生じ，晴れやすい。

• 低気圧では，⑤ [_____] まわりに風がふきこみ，中心付近では

⑥ [_____] 気流が生じる。

• 低気圧の中心付近では，天気は ⑦ [_____] や ⑧ [_____] が多い。

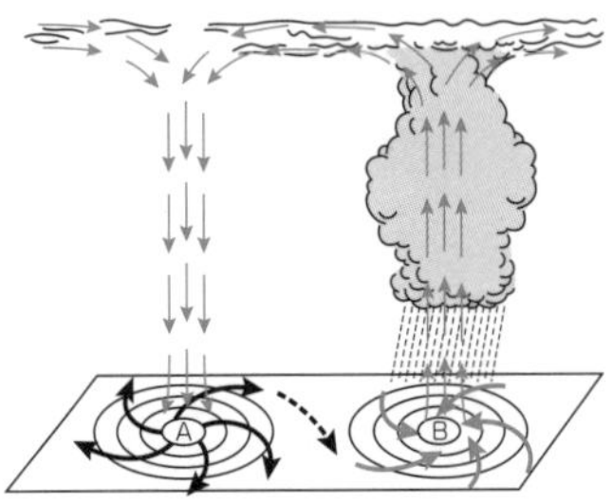

✎ 練習問題

1 ▶ 右の図のように，丸底フラスコの内部を湯でぬらし，少量の線香のけむりを入れ，そこに大型の注射器をつないだ。そして，この注射器のピストンを押したり引いたりした。これについて，次の問いに答えましょう。

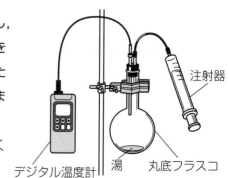

注射器

デジタル温度計　湯　丸底フラスコ

(1) ピストンを引くと，フラスコの内側が白くくもった。この白いくもりは何の集まりですか。

[　　　　　　]

(2) (1)のあと，ピストンを押したときのフラスコの内側のようすについて述べた文として正しいものを，次から1つ選びなさい。

ア　白くくもったままであった。
イ　一瞬，白いくもりが消えたが，しばらくすると再び白くくもった。
ウ　白いくもりが消えた。
エ　白いくもりが，より濃くなった。

[　　　]

(3) ピストンを引いたときは，上昇気流と下降気流のどちらと同じ状態と考えられますか。

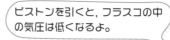
ピストンを引くと，フラスコの中の気圧は低くなるよ。

[　　　]

2 ▶ 右の図は，ある日の日本付近の天気図である。これについて，次の問いに答えましょう。

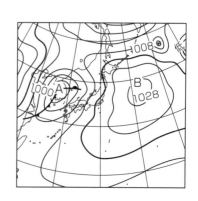

(1) 高気圧を表しているのは，図のA，Bのうちのどちらか，答えなさい。

[　　　]

(2) 図のA，Bの地上付近の風のふき方と，気流のようすを表した図として正しいものを，次からそれぞれ選びなさい。

ア
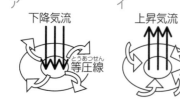
下降気流　等圧線

イ
上昇気流　等圧線

ウ
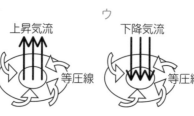
下降気流　等圧線

エ
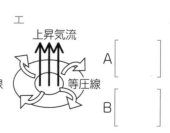
上昇気流　等圧線

A [　　　]

B [　　　]

ヒント **1** ▶ (2)ピストンを押すと，フラスコの中の気圧は高くなるよ。

3 右の表は，気温と飽和水蒸気量の関係を表したものである。気温 16℃，水蒸気量 12.1g/m³ の空気について，次の問いに答えましょう。

気温〔℃〕	飽和水蒸気量〔g/m³〕
16	13.6
14	12.1
12	10.7
10	9.4
8	8.3

(1) この空気 1m³ 中にまだふくむことのできる水蒸気量は何 g ですか。

[　　　　　 g]

(2) この空気を冷やしていったとき，水滴ができはじめる温度は何℃ですか。

[　　　　　 ℃]

(3) (2)の温度を何といいますか。

[　　　　　]

(4) この空気を 8℃まで下げると 1m³ あたり何 g の水滴ができますか。

[　　　　　 g]

4 右の図は，気温と飽和水蒸気量との関係をグラフに表したものである。これについて，次の問いに答えましょう。

(1) A の空気 1m³ 中にふくまれる水蒸気量は何 g ですか。 [　　 g]

(2) B の空気の露点はおよそ何℃か。次から1つ選びなさい。

ア 10℃　　イ 15℃
ウ 20℃　　エ 30℃

[　　　　　]

(3) D の空気 1m³ 中には，あとおよそ何 g の水蒸気をふくむことができるか。次から1つ選びなさい。

ア 3g　　　イ 7g　　　ウ 13g　　　エ 20g

[　　]

(4) A〜E の空気のうち，露点が等しいものはどれか。その組み合わせとして正しいものを，次から1つ選びなさい。

ア AとBとC　　　イ BとD　　　ウ CとDとE　　　エ AとE

[　　]

水蒸気が凝結しはじめる温度が等しいということだね。

2 気団と前線

日本付近での前線の動き、天気の変化を理解する

チェックしよう！

CHECK 1 気団と前線

- 気団…気温や湿度がほぼ等しい空気の大きなかたまり。
- 前線面…性質の異なる気団が接する境界面。
- 前線…前線面が地表面と交わるところ。
- 前線の種類
  - ①寒冷前線…寒気が暖気の下にもぐりこみ，暖気を押し上げながら進む。
    - <通過時>せまい範囲で，強い雨が短時間降る。
    - <通過後>風が南よりから北よりに変わり，気温が下がる。
  - ②温暖前線…暖気が寒気の上にはい上がり，寒気を押しながら進む。
    - <通過時>広い範囲で，弱い雨が長時間降る。
    - <通過後>風が東よりから南よりに変わり，気温が上がる。
  - ③停滞前線…寒気と暖気の勢力がほぼ同じで，ほとんど動かない。
  - ④閉そく前線…寒冷前線が温暖前線に追いついてできる。

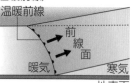

〈寒冷前線〉

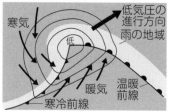

〈温暖前線〉

〈温帯低気圧と前線〉

温暖前線と寒冷前線の通過にともなう天気の変化を考えるよ。

CHECK 2 大気の動き

- 偏西風…日本の上空をふく西風。
  - →日本の天気が西から東へ変わっていくのは，偏西風の影響。
- 季節風…季節によってふく特徴的な風。
  - →日本では，冬は北西，夏は南東の季節風がふく。
- 海風と陸風
  - ①海風…昼に，海から陸に向かってふく風。
  - ②陸風…夜に，陸から海に向かってふく風。

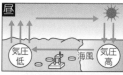

CHECK 3 日本の天気

- 冬…西高東低の気圧配置。
- 夏…南高北低の気圧配置。
- 春・秋…移動性高気圧と温帯低気圧が交互に西から東へ移動する。
- 梅雨…オホーツク海気団と小笠原気団の勢力がつり合って停滞前線ができる。
- 日本付近の気団…シベリア気団（冬），小笠原気団（夏），オホーツク海気団（梅雨，秋雨）

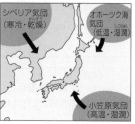

CHECK 1

1 次の ◯ にあてはまることばを書きましょう。

〈温帯低気圧と前線〉

① ◯ 気

③ ◯ 前線

低気圧の進行方向

雨の地域

④ ◯ 前線

低

② ◯ 気

• 温暖前線が通過するときは，⑤ ◯ 範囲で，⑥ ◯ 雨が，

⑦ ◯ 時間降る。

• 寒冷前線が通過するときは，⑧ ◯ 範囲で，⑨ ◯ 雨が，

⑩ ◯ 時間降る。

CHECK 2

2 次の文の ◯ にあてはまることばを書きましょう。

• 日本の上空を1年中ふく西風を ① ◯ という。

• 日本の天気が西から ② ◯ へ変わっていくのは①の影響による。

• 季節によって特徴的な風を ③ ◯ という。日本では，冬は

④ ◯ ，夏は ⑤ ◯ の③がふく。

• 昼に，海から陸に向かってふく風を ⑥ ◯ という。

• 夜に，陸から海に向かってふく風を ⑦ ◯ という。

CHECK 2-3

3 次の問いに答えましょう。

(1) 昼は，陸上と海上では，どちらの温度が高くなりますか。 ◯

(2) 夜は，陸上と海上では，どちらの気圧が高くなりますか。 ◯

(3) 冬の気圧配置は，西の大陸上で高気圧が発達し，東の太平洋上で低気圧が発達する。このような気圧配置を何といいますか。 ◯

(4) 夏の日本列島は，小笠原高気圧におおわれ，北側に低気圧が見られる。夏によく見られるこのような気圧配置を何といいますか。 ◯

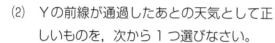

練習問題

1 右の図は，前線をともなう低気圧を表したものである。これについて，次の問いに答えましょう。

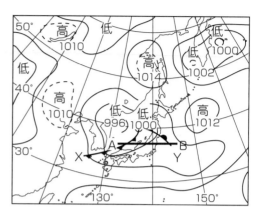

(1) Xの前線を何といいますか。

[　　　　　　　　]

(2) Yの前線が通過したあとの天気として正しいものを，次から1つ選びなさい。

ア　気温が上がり，南よりの風がふく。

イ　気温が上がり，北よりの風がふく。

ウ　気温が下がり，南よりの風がふく。

エ　気温が下がり，北よりの風がふく。

[　　]

(3) 図のA－B間における前線面の断面のようすを正しく表しているものを，次から1つ選びなさい。

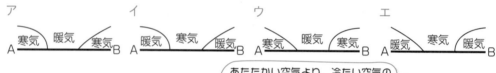

あたたかい空気より，冷たい空気のほうが密度が大きくて，重いよ。

[　　]

(4) 次の ☐ にあてはまることばを答えなさい。

気温や湿度がほぼ等しい空気の大きなかたまりを ① という。また，性質の異なる①が接する境界面を ② ，②が地表面と交わるところを ③ という。

① [　　　　]　② [　　　　]　③ [　　　　]

2 右の図は，ある日の気象観測の結果をまとめたものである。寒冷前線が通過した時間として正しいものを，次から1つ選びましょう。

ア　6時から9時までの間

イ　9時から12時までの間

ウ　15時から18時までの間

エ　18時から21時までの間

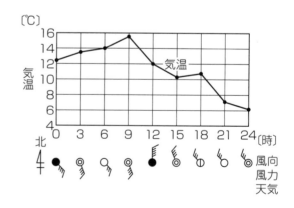

[　　]

2 寒冷前線が通過すると，気温が急に下がって，風向きが北よりになるよ。

3 次の問いに答えましょう。

(1) 次の □ にあてはまることばの組み合わせとして正しいものを、あとから1つ選びなさい。

日本の上空には ① とよばれる ② 風がつねにふいている。この風によって、日本付近の低気圧や移動性高気圧は ③ へ移動することが多いため、日本の天気は③に変わることが多い。

ア ①季節風 ②東 ③東から西　　イ ①偏西風 ②東 ③東から西
ウ ①季節風 ②西 ③西から東　　エ ①偏西風 ②西 ③西から東

[ ]

(2) (1)①の風のふき方として正しいものを、次から1つ選びなさい。

ア
北極
60°
30°
赤道 0°
南極

イ
北極
60°
30°
赤道 0°
南極

ウ
北極
60°
30°
赤道 0°
南極

エ
北極
60°
30°
赤道 0°
南極

中緯度地域に1年中ふく風だよ。

[ ]

4 次の □ にあてはまることばの組み合わせとして正しいものを、あとから1つ選びましょう。

夏になると日本付近では ① が1年中で最も発達し、 ② の季節風がふくことが多く、蒸し暑い晴れの日が続く。一方、冬になると日本付近では ③ が発達し ④ の気圧配置がしばしば現れ、日本海側では雪、太平洋側では晴れの天気になることが多い。

ア ①小笠原気団　　②北西　　③シベリア気団　　④西高東低
イ ①シベリア気団　②北西　　③小笠原気団　　④南高北低
ウ ①小笠原気団　　②南東　　③シベリア気団　　④西高東低
エ ①シベリア気団　②南東　　③小笠原気団　　④南高北低

[ ]

5 次のA〜Dの天気図は、春、夏、冬、梅雨のいずれかを表している。これについて、あとの問いに答えましょう。

A
低
高

B
高
低
高

C
高

D
低
高
低

(1) A〜Dのうち、夏と冬の天気図はどれか。それぞれ記号で選びなさい。

気圧配置から考えるよ。

夏 [ ]　　冬 [ ]

(2) A〜Dのうち、停滞前線が日本列島付近に停滞し、長雨となっているのはどれですか。

[ ]

初版
第 1 刷 2021年12月1日 発行

● 編 者
　数研出版編集部
● カバー・表紙デザイン
　株式会社クラップス

発行者 星野 泰也

ISBN978-4-410-15550-5

とにかく基礎 中1・2の総まとめ　理科

発行所　数研出版株式会社

〒101-0052 東京都千代田区神田小川町2丁目3番地3
　　　　〔振替〕00140-4-118431
〒604-0861 京都市中京区烏丸通竹屋町上る大倉町205番地
〔電話〕代表 (075)231-0161
ホームページ　https://www.chart.co.jp
印刷　河北印刷株式会社
　　　乱丁本・落丁本はお取り替えいたします　211001

第1章
① 生物の観察と花のつくり

✏ 確認問題 ・・・・・・・・・・5ページ

1
① レボルバー　　② 対物レンズ
③ ステージ　　　④ しぼり
⑤ 反射鏡　　　　⑥ 接眼レンズ
⑦ 鏡筒　　　　　⑧ 調節ねじ

2
① やく　　　　　② おしべ
③ 子房　　　　　④ がく
⑤ 柱頭　　　　　⑥ 花弁
⑦ めしべ　　　　⑧ 胚珠
⑨ 受粉　　　　　⑩ 果実
⑪ 種子

3
① 雌花　　　　　② ない
③ 子房　　　　　④ 胚珠
⑤ 花粉のう

✏ 練習問題 ———— 6・7ページ

1 (1) 低倍率　　　　(2) D，E
(3) 接眼レンズ
(4) ① ア　　　　　② イ
(5) ゾウリムシ　　(6) 150（倍）

2 (1) イ　　　　　　(2) ア

3 (1) A（→）C（→）D（→）B
(2) 種子
(3) 花粉がめしべの柱頭につくこと。

4 (1) X　　　　　　(2) B
(3) C　胚珠　　　　D　花粉のう
(4) 種子　　　　　(5) c

練習問題の解説

1 (4) 接眼レンズをのぞきながらプレパラートに
近づけると，対物レンズとカバーガラスが当
たって，カバーガラスが割れてしまうおそれ
がある。
(6) 顕微鏡の倍率は，接眼レンズの倍率×対物
レンズの倍率である。
よって，15 × 10 ＝ 150〔倍〕

2 (1) 観察するものが動かせるときは，ルーペは
目に近づけたまま，観察するものを動かして
ピントを合わせる。

3 (2) Pは胚珠である。

4 (3) Cは胚珠で，雌花のりん片にある。Dは花
粉のうで，雄花のりん片にあり，中に花粉が
入っている。
(5) 図1のD（花粉のう）は花粉が入ってい
るところで，図2のアブラナの花では，やく
(c) に花粉が入っている。

第1章
② 植物のからだのつくりとはたらき

✏ 確認問題 ・・・・・・・・・・9ページ

1
① 主根　　　　　② 側根
③ ひげ根

2
① 根毛　　　　　② 道管
③ 師管　　　　　④ 維管束

3
① 葉脈　　　　　② 道管
③ 師管（②③順不同）
④ 網状　　　　　⑤ 平行
⑥ 葉緑体　　　　⑦ 気孔
⑧ 蒸散

4
① 胞子　　　　　② 根・茎・葉
③ 表面　　　　　④ 仮根

✏ 練習問題 ———— 10・11ページ

1 (1) ひげ根
(2) b　主根　　　c　側根
(3) X
(4) 土とふれる表面積が大きくなり，水
や水にとけた養分を吸収しやすくなる。

2 (1) A　道管　　　　B　師管
(2) B　　　　　　(3) A
(4) 維管束　　　　(5) ア，エ

3 (1) 細胞　　　　　(2) 道管
(3) 葉緑体
(4) 葉でつくられた栄養分を通す。

1

4▶ (1) B
(2) X 胞子のう　　　Y 胞子
(3) エ
(4) ア，イ
(5) からだを地面に固定させる役目

練習問題の解説

1▶ (4) 根の先端に根毛があることによって，土と
ふれる表面積が大きくなり，効率よく水や水
にとけた養分を吸収することができる。

2▶ (3) 道管は，師管よりも茎の中心側にある。
(5) ユリ，トウモロコシ，イネ，ススキなどの
茎の維管束は散らばっているが，ホウセンカ，
アブラナ，エンドウ，アサガオなどの茎の維
管束は輪のように並んでいる。

3▶ (2) 根で吸収した水や水にとけた養分を運ぶ道
管は，葉の表側を通っている。

4▶ (1) イヌワラビは土の中に茎（B）と根（C）が
あり，地上に出ている部分は葉（A）である。
(2) イヌワラビの葉の裏側に胞子のう（X）が
ついており，その中に胞子（Y）が入っている。
(3) ゼニゴケ（ア）はコケ植物，スギ（イ）は
マツなどの裸子植物のなかま，イネ（ウ）は
ユリなどの単子葉類のなかまである。
(4) コケ植物は葉緑体をもち，光合成を行うが，
根・茎・葉の区別がなく維管束をもたない。
そのため，根ではなくからだ全体から水をと
り入れている。
(5) 仮根（P）には，水をとり入れるはたらき
はなく，地面にからだを固定する役割をもつ。

第1章
❸ 生物の分類

✎ 確認問題 ・・・・・・・・・13ページ

1▶ ① 被子植物　　② 裸子植物
③ 単子葉類　　④ 合弁花類
2▶ ① 種子　　　　② 被子
③ 裸子　　　　④ 双子葉
⑤ 単子葉　　　⑥ 合弁花
⑦ 離弁花　　　⑧ 胞子
⑨ シダ
3▶ ① 卵生　　　　② 胎生

③ ほ乳類　　　④ 水中
⑤ えら　　　　⑥ 陸上
⑦ 肺　　　　　⑧ 無脊椎

✎ 練習問題 ──────── 14・15ページ

1▶ (1) X 裸子植物　Y 双子葉類
(2) 胚珠　　　　　(3) イ
(4) ① C　　　　② A
2▶ (1) ウ　　　　　(2) ア，ウ，エ
(3) シダ植物
(4) 花弁が1枚1枚離れている。
3▶ (1) ア
(2) 生活場所が水中から陸上になり，呼
吸器官がえらと皮ふから肺と皮ふにな
る。
(3) 背骨　　　　　(4) 肺
(5) 乾燥にたえることができる。
4▶ (1) A，B，F　　(2) 節足動物
(3) C，D　　　　(4) 軟体動物

練習問題の解説

1▶ (1)(2) 種子植物は，胚珠が子房に包まれている
かいないかによって，被子植物と裸子植物に
分類できる。Xは裸子植物で，子房がなく胚
珠がむき出しである。Yは双子葉類で，花弁
がくっついているか離れているかによって，
合弁花類と離弁花類に分類される。
(4) ① 花弁がくっついている植物を合弁花類
といい，アサガオ，ツツジ，タンポポ，キク
などがある。また，花弁が1枚1枚離れて
いる植物を離弁花類といい，アブラナ，エン
ドウ，サクラ，バラなどがある。
② イチョウやマツ，ソテツなどは裸子植
物のなかまである。

2▶ (1) 光合成を行う，胚珠が種子になるという特
徴は，すべての種子植物に共通する特徴であ
る。
(3) シダ植物は，根・茎・葉の区別があり，維
管束がある。
(4) 双子葉類はサクラのように花弁が1枚1
枚離れている離弁花類と，ツツジのように花
弁がくっついている合弁花類に分類される。

3▶ (2) カエルなどの両生類のなかまはほかに，イ

2

モリなどがいる。

(4) ほ乳類（ア），鳥類（エ），は虫類（オ）は，一生肺で呼吸する。

(5) 鳥類（エ），は虫類（オ）は，殻のある卵を陸上にうみ，魚類（ウ），両生類（イ）は殻のない卵を水中にうむ。

第2章
❶ 細胞と消化・呼吸・循環のしくみ

✏ 確認問題 ・・・・・・・・・17ページ

1 ① 酸素 ② エネルギー
③ 二酸化炭素 ④ 水（③④順不同）

2 ① ブドウ糖 ② タンパク質
③ 脂肪 ④ モノグリセリド
⑤ アミラーゼ ⑥ ペプシン

3 ① 赤血球 ② 白血球
③ 血小板 ④ 血しょう

4 ① 肺循環 ② 体循環
③ 動脈 ④ 静脈
⑤ 酸素 ⑥ 二酸化炭素

✏ 練習問題 ━━━━━ 18・19ページ

1 (1) 核
(2) 液胞
(3) エ
(4) A，E

2 (1) 柔毛
(2) A 毛細血管 B リンパ管
(3) 肝臓
(4) 表面積が大きくなるから。

3 (1) e
(2) イ
(3) エ

4 (1) 肺胞
(2) ① 酸素 ② 二酸化炭素
(3) （血管）B
(4) 空気にふれる表面積が大きくなり，効率よく気体の交換を行うことができる。

練習問題の解説

1 (2) 液胞は，よく成長した植物の細胞に見られる。内部は液体で満たされていて，不要な物質の貯蔵や水分調節などをするはたらきがある。動物の細胞にはない。若い植物の細胞では未発達である。

(3) Cは葉緑体で，植物の緑色をした部分にふくまれる。水と二酸化炭素からデンプンなどの栄養分をつくる光合成が行われるところである。

(4) Eは細胞膜で，細胞質のいちばん外側にある，うすい二重層の膜である。植物細胞と動物細胞に共通して見られる。

2 (1)(2) 小腸の内側の壁のひだに無数にある小さな突起を柔毛といい，消化された栄養分を吸収する。柔毛の中には毛細血管とリンパ管が通っている。

(3) デンプンが分解されてできたブドウ糖と，タンパク質が分解されてできたアミノ酸は，柔毛の中の毛細血管に入る。毛細血管に入ったあと，肝臓を通って全身に運ばれる。肝臓では，アミノ酸の一部は必要に応じてタンパク質に変えられ，ブドウ糖の一部はグリコーゲンに変えられて一時的にたくわえられる。

(4) ひだや柔毛があることで，小腸の表面積が非常に大きくなり，栄養分の吸収を効率よく行うことができる。

3 (1) 小腸で栄養分の吸収が行われるので，小腸を通ったあとの血管eには，栄養分を多くふくむ血液が流れる。

(2) 図の血管Xは心臓にもどる血液が流れるので静脈，血管Yは心臓から送り出された血液が流れるので動脈である。

(3) 血管aは，右心室から肺へ向かう血管で，二酸化炭素を多くふくむ静脈血が流れる。

4 (1) 気管支の先は細かく枝分かれしていて，先端が肺胞とつながっている。

(2)(3) 肺胞は外からとり入れられた空気が入る袋である。肺胞のまわりには，毛細血管が網目状にはりめぐらされている。肺胞で血液内に酸素がとり入れられ，二酸化炭素が放出されるので，血管B（肺静脈）のほうがたくさんの酸素をふくむ。

(4) ヒトの肺胞は，直径約0.2mmの大きさの袋状になっている。多数の肺胞があること

で，毛細血管が空気とふれる表面積が大きくなり，酸素と二酸化炭素の交換を効率よく行うことができる。

第2章

❷ 刺激と反応

✐ 確認問題 ・・・・・・・・・・ 21 ページ

1 ① レンズ（水晶体）
② 虹彩　　③ 網膜
④ （感覚）神経

2 ① せきずい　　② 中枢
③ 末しょう　　④ 感覚
⑤ 運動　　　　⑥ 反射

3 ① 感覚　　　　② せきずい
③ せきずい　　④ 運動

4 ① 筋肉　　　　② けん
③ 関節

✐ 練習問題 ──── 22・23 ページ

1▷ (1) 感覚器官
(2) ① 記号　C　名称　網膜
② 記号　A
名称　レンズ（水晶体）
③ 記号　B　名称　虹彩
(3) ア

2▷ (1) 関節　　　　(2) けん
(3) イ　　　　　(4) ウ

3▷ (1) 中枢（神経）　(2) せきずい
(3) C　感覚神経　D　運動神経
(4) イ

4▷ (1) 反射
(2) 無意識に起こる反応
(3) ウ，オ

練習問題の解説

1▷ (1) 光の刺激を受けとる目のように，外界からの刺激を受けとる器官を感覚器官という。
(2) ① 網膜には光を感じる細胞が集まっている。ここで受けとった光の刺激は，神経を通して脳へ伝えられる。

② レンズ（水晶体）が厚みを変えることで網膜上に像を結ばせる。
③ 虹彩でひとみの大きさを変え，目に入る光の量を調節する。
(3) ひとみの大きさを変えて，目の中に入る光の量を調節する部分が虹彩である。明るいところでは広がってひとみを小さくし，暗いところでは縮んでひとみを大きくする。

2▷ (1) 骨と骨がつながっている部分を関節という。
(2) 筋肉の両端にあるけんが，関節をへだてた2つの骨についている。これによって，筋肉がゆるんだり縮んだりすると，骨が動く。
(4) 図のうでが曲がるとき，ひじから手の部分が上に上がるので，Aの筋肉が収縮し，Bの筋肉はゆるむ。

3▷ (1) 脳やせきずいなど，反応の命令を出す神経を中枢神経という。
(3) 感覚神経は，感覚器官からの刺激を脳やせきずいに伝える神経である。運動神経は，脳やせきずいからの命令を筋肉などに伝える神経である。

4▷ (3) 意識せずに起こるひとみの変化やだ液の分泌は，反射である。

第3章

❶ 物質の性質

✐ 確認問題 ・・・・・・・・・・ 25 ページ

1 ① 有機物　　② 無機物
③ 金属　　　④ 電気
⑤ 非金属　　⑥ アルミ缶

2 ① 密度　　　② 物質の質量
③ 物質の体積

3 (1) 0.4（g/cm³）
(2) 135（g）
(3) 沈む。

4 ① 空気調節
② ガス調節
③ $\frac{1}{10}$

✐ 練習問題 ──── 26・27 ページ

1▷ (1) 水（水滴）　(2) 白くにごった。
(3) 二酸化炭素　(4) 有機物

(5) 酸素，食塩，水

2 (1) エ（→）オ（→）ア（→）ウ
（→）イ

(2) ウ

(3) 空気

3 (1) B

(2) 64.5（cm³）

4 エ

5 (1) 8.96（g/cm³）

(2) 銅

(3) ポリプロピレン

(4) エ　　　　　　(5) ア

練習問題の解説

1 (1) 木片などの有機物の多くは炭素とともに水素もふくんでいるため，燃えると水ができる。

(2)(3)(4) 木片は炭素をふくむ有機物なので，二酸化炭素を出しながら燃える。二酸化炭素は石灰水を白くにごらせる。

(5) エタノール，砂糖，プラスチック，プロパン，紙，ろうは炭素をふくみ，燃えると二酸化炭素が発生するので有機物である。

2 (2)(3) ガスバーナーの炎の色がオレンジ色のときは，空気の量が不足している。ガス調節ねじ（b）をおさえて，空気調節ねじ（a）をAの方向に回してゆるめる。

3 (1) メスシリンダーの目盛りを読むときは，目を水面と同じ高さにして，水面の中央の平らなところを読む。

(2) 目分量で最小目盛りの$\frac{1}{10}$まで読む。

4 磁石につくのは，鉄やニッケルなど一部の金属がもつ特有の性質である。アルミニウム，金，銀，銅などは磁石につかない金属である。

5 (1)(2) 62.7[g]÷7.0[cm³]＝8.957…[g/cm³]となり，銅の質量に最も近い。

(3) 水より密度が小さいものは水に浮く。

(4) 水銀より密度が大きいものは水銀に沈む。よって，13.55g/cm³よりも密度の大きいものを選べばよい。

(5) 同じ体積で比べたとき，質量が小さいほうが密度が小さく，同じ質量で比べたとき，体積が大きいほうが密度が小さい。また，液体に浮く物質の密度は，その液体の密度より小さい。

❷ 気体の性質

✐ **確認問題**・・・・・・・・・29ページ

1 ① 水上置換（法）② 上方置換（法）
③ 下方置換（法）

2 ① 軽　　　　　② やすい
③ 重　　　　　④ 石灰水
⑤ 軽　　　　　⑥ にくい
⑦ 水

3 ① 二酸化炭素
② うすい過酸化水素水（オキシドール）
③ うすい塩酸　　④ アンモニア

4 ① うすい過酸化水素水（オキシドール）
② 二酸化マンガン

✐ **練習問題**──────30・31ページ

1 (1) A　うすい過酸化水素水
（オキシドール）
B　二酸化マンガン

(2) エ　　　　　(3) イ

(4) ウ

2 (1) 二酸化炭素　　(2) エ

(3) 石灰水に通すと石灰水が白くにごる。

3 エ

4 (1) 水上置換（法）

(2) 水にとけにくい気体

(3) 上方置換（法）

(4) 水にとけやすい。空気よりも軽い。

(5) 下方置換（法）

(6) 水にとけやすい。空気よりも重い。

(7) 水素　A　　　　酸素　A
アンモニア　B

(8) ① ア　　　　② イ

5 エ

練習問題の解説

1 (2) 酸素には，ものを燃やすはたらきがある。

(3) 亜鉛などの金属にうすい塩酸を加えると水素が発生する。

(4) 水素には，気体自体が燃えて水ができるという性質がある。

5

③▷ アンモニアは刺激臭をもち，水素は無臭。二酸化炭素は空気よりも重い。

④▷ (1)(2) Aの集め方を水上置換（法）といい，水にとけにくい気体を集めるときに用いる。ただし，二酸化炭素のように水に少しとける性質の気体を集めるときに用いられることもある。

(3)(4) Bの集め方を上方置換（法）といい，水によくとけ，空気よりも軽い気体を集めるときに用いる。

(5)(6) Cの集め方を下方置換（法）といい，水によくとけ，空気よりも重い気体を集めるときに用いる。

(7) 水素と酸素は水にとけにくいので，水上置換（法）で集める。アンモニアは水にとけやすく，空気よりも軽いので，上方置換（法）で集める。

(8) 二酸化炭素は，水に少しとけるだけなので，水上置換（法）で集められる。また，空気よりも重いので下方置換（法）でも集められる。より純粋な二酸化炭素を集めたいときは，水上置換（法）を用いるとよい。

第3章
❸ 水溶液の性質

✏️ **確認問題** ・・・・・・・・・・・33 ページ

１ ① 溶液　　② 水溶液
③ 溶質　　④ 溶媒
⑤ 溶質　　⑥ 溶媒
⑦ 溶液（水溶液）

２ ① 溶質
② 質量パーセント濃度

３ (1) 10（%）　　(2) 2.4（g）
(3) 20（%）

４ ① 飽和水溶液　　② 溶解度
③ 結晶　　④ 再結晶
⑤ ろ過　　⑥ 長い

✏️ **練習問題** ──── 34・35 ページ

１▷ (1) 溶媒　　(2) ウ
(3) ア

２▷ (1) 15（%）　　(2) 16（%）
(3) 12.5（%）　　(4) 10（g）

(5) 6.5（g）

３▷ (1) 25（%）　　(2) 300（g）

４▷ (1) ア　　(2) 塩化ナトリウム
(3) 硫酸銅　　(4) 水の温度を上げる。
(5) ミョウバン

５▷ (1) 16.3（g）　　(2) 18.4（g）

練習問題の解説

１▷ (1) とけている物質を溶質，溶質をとかしている液体を溶媒，物質がとけている液全体を溶液という。溶媒が水の場合，特に水溶液という。

(2) 砂糖を水の中に入れると，水の中の砂糖がくずれて細かくなり，顕微鏡でも見えないほどの小さな粒子になる。砂糖がすべてとけると，どの部分も濃さは同じになり時間がたっても，液の下のほうが濃くなることはない。

(3) 水溶液の濃さはどこも同じで，透明である。水溶液には色がついているものもあるが，にごっているものはない。

２▷ (1) $\dfrac{15}{85+15} \times 100 = 15[\%]$

(2) $\dfrac{40}{210+40} \times 100 = 16[\%]$

(3) $\dfrac{60}{420+60} \times 100 = 12.5[\%]$

(4) $250 \times \dfrac{4}{100} = 10[g]$

(5) $260 \times \dfrac{2.5}{100} = 6.5[g]$

３▷ (1) $\dfrac{50}{200} \times 100 = 25[\%]$

(2) 砂糖が50gとけた10%の砂糖水の質量は，
$50[g] \div \dfrac{10}{100} = 500[g]$
よって，加える水の量は，
$500[g] - 200[g] = 300[g]$

４▷ (3) グラフより，60℃でホウ酸は約15g，塩化ナトリウムは約38g，ミョウバンは約59g，硫酸銅は約80gとける。

(4) ミョウバンが水にとける質量は，水の温度を上げると大きくなる。

(5) 60℃と40℃で溶解度の差が大きいほど，結晶として出てくる質量が大きくなる。

５▷ (1)(2) あと何gとけるかは，
（その温度での溶解度）－（溶質の質量）

で求められる。また，何 g の結晶が出てく
るかは，

（溶質の質量）－（その温度での溶解度）

で求められる。

✏ **確認問題**・・・・・・・・・37 ページ

1 ① 固体　　　　② 液体
　　③ 気体

2 ① 融点　　　　② 0
　　③ 沸点　　　　④ 100

3 ① 純粋な物質（純物質）
　　② 混合物　　　③ 蒸留
　　④ エタノール　⑤ 水平
　　⑥ 沸点

✏ **練習問題**―――― 38・39 ページ

1 (1) 液体　　　　(2) B
　(3) C　　　　　(4) イ

2 (1) 融点　　　　(2) 沸点
　(3) ウ　　　　　(4) ア

3 (1) ア，エ，ク
　(2) 一定にならない。

4 (1) 沸とう石　　(2) 蒸留
　(3) 沸点　　　　(4) A
　(5) 液体をろ紙にひたして燃えるかどう
　　　か調べる。（においをかぐ。）

練習問題の解説

1 (1) B は固体，C は気体である。
　(2) 気体のように粒子どうしが離れている状態
　　が，最も密度が小さい。

3 (1) 純粋な物質は，1 つの化学式で表すことが
　　でき，鉄は Fe，水素は H_2，水は H_2O である。
　　石油はガソリン・灯油・軽油などが入った混
　　合物である。
　(2) 混合物を加熱すると，融点も沸点も一定に
　　ならず，グラフに水平なところが現れない。
　　純物質を加熱すると，状態変化をしている途
　　中は温度が一定になり，グラフに水平なとこ
　　ろが現れる。

4 (1) 液体を加熱する実験を行うときは，急に沸

とうしないように沸とう石を入れる。
(2) 液体を加熱して沸とうさせ，出てくる気体
　を再び液体として集める方法を蒸留という。
(3) エタノールの沸点は 78℃，水の沸点は
　100℃である。このように，水とエタノー
　ルは沸点が異なるため，蒸留により分離する
　ことができる。
(5) 集まった液体にマッチの火を近づけたり，
　においをかいだりしてもよい。

✏ **確認問題**・・・・・・・・・41 ページ

1 ① 化学変化　　② 分解
　　③ 熱分解

2 ① 二酸化炭素　② 水（①②順不同）
　　③ 水滴（水）　④ 塩化コバルト紙
　　⑤ フェノールフタレイン
　　⑥ 石灰水　　　⑦ 二酸化炭素

3 ① 酸素　　　　② 酸素

4 ① 酸素　　　　② 銅

5 ① 酸素　　　　② 水素
　　③ 水酸化ナトリウム

✏ **練習問題**―――― 42・43 ページ

1 (1) 水
　(2) 塩化コバルト紙
　(3) 石灰水が白くにごる。
　(4) 炭酸ナトリウム
　(5) エ

2 (1) 酸素　　　　(2) イ
　(3) かたい物でみがくと，光沢が出るこ
　　　とを確認する。
　　　（電流が流れることを確認する。また
　　　は，たたくと板のようにのびてうすく
　　　広がり変形することを確認する。）

3 (1) 塩素　　　　(2) ウ
　(3) ア　　　　　(4) 銅

4 (1) 酸素　　　　(2) エ
　(3) 1 ： 2
　(4) 電流を流れるようにするため。

練習問題の解説

1 (1)(4) 炭酸水素ナトリウムを分解すると，二酸化炭素が発生し，加熱した試験管には炭酸ナトリウムが残り，口には水滴がつく。

(2) 塩化コバルト紙は水の検出に使用される試験紙である。水にふれると青色から赤（桃）色に変化する。

(3) 石灰水は，二酸化炭素の検出に用いられ，二酸化炭素を通すと白くにごる。

(5) 炭酸水素ナトリウムを分解してできた炭酸ナトリウムは，水によくとけ，水溶液は強いアルカリ性を示す。

2 (1) 酸化銀は熱分解すると，酸素と銀に分かれる。

(2) 酸素は，無色透明でにおいがなく，水にとけにくい。また，ものを燃やすはたらきがあるので，火のついた線香を，酸素を集めた試験管に入れると，線香が激しく燃える。

3 (2) 塩素は空気よりも重い，黄緑色の気体である。特有の刺激臭があり，有毒である。また，水にとけやすい。

(3)(4) 塩化銅を電気分解すると，陰極には赤色の銅が付着する。

4 (1)(3) 水を電気分解すると，陽極から酸素が，陰極から水素が，体積比 1：2 の割合で発生する。

(2) 水素は気体の中で最も密度が小さい。ほかの物質を燃やすはたらきはないが，空気中で音を立てて水素自体が燃え，水ができる。

第4章
❷ 原子・分子と化学反応式

✏️ 確認問題・・・・・・・・・45ページ

1 ① 原子 ② ない
③ 質量
④ 大きさ（③④順不同）
⑤ なくなった ⑥ 種類が変わった
⑦ 新しくできた（⑤〜⑦順不同）
⑧ 分子

2 単体 ア，エ 化合物 イ，ウ

3 ① H_2 ② O_2
③ 水（分子）
④ 二酸化炭素（分子）

⑤ NH_3 ⑥ N_2
⑦ 鉄 ⑧ 銀

4 ① 2 ② O_2
③ Cu

✏️ 練習問題 ———— 46・47ページ

1 (1) 原子 (2) オ
(3) X 分割 Y 変化 Z 質量
(4) エ

2 (1) X 単体 Y 化合物
(2) ア，オ，ク
(3) 分子をつくらず，ナトリウム原子と塩素原子の個数の比が 1：1 になっている。

3 (1) 酸素 (2) 原子番号

4 (1) イ (2) ウ，エ，キ
(3) ア Fe イ $CuCl_2$
ウ O_2 エ NaOH
単体であるもの ア，ウ
(4) N

5 (1) $2NaHCO_3 \rightarrow Na_2CO_3 + CO_2 + H_2O$
(2) $CuCl_2 \rightarrow Cu + Cl_2$
(3) $2Ag_2O \rightarrow 4Ag + O_2$

練習問題の解説

1 (2) アンモニアは原子が何種類か集まることでできる物質である。

(4) 原子の大きさはとても小さく，銀原子と野球ボールの大きさの比と，野球ボールと地球の大きさの比がほぼ同じである。

2 (2) 水素や鉄，マグネシウムは単体で，二酸化炭素やアンモニア，水，酸化銅は化合物，空気は混合物である。

3 (2) 約120種類ある元素にはそれぞれ番号がつけられており，それを原子番号という。この原子番号の順に元素を並べてつくられた表が周期表である。

4 (1) アンモニアの化学式は NH_3 である。

(2) 2種類以上の元素からなる物質を化合物というので，化学式に2個以上の元素記号があるものが答えとなる。

(3) Fe や O_2 のように1種類の元素からでき

ているものを単体，$CuCl_2$ や $NaOH$ のように 2 種類以上の元素からできているものを化合物という。

❸ さまざまな化学変化と熱

✏️ 確認問題・・・・・・・・・・49 ページ

1 ① 2　　　　　② O_2
　　③ S　　　　　④ FeS

2 ① 磁石にはつかない。
　　② 硫化水素が発生する。

3 ① 酸化　　　　② 燃焼
　　③ 還元

4 ① 黒　　　　　② 赤
　　③ 白くにごる。

5 ① 発熱反応　　② 吸熱反応
　　③ 放出　　　　④ 吸収

✏️ 練習問題 ──── 50・51 ページ

1 (1) 加熱前の混合物　(2) ウ
2 (1) 二酸化炭素　(2) 銅
　　(3) ① 還元　　② 酸化
　　(4) $2CuO+C \rightarrow 2Cu+CO_2$
　　(5) 石灰水が逆流して，加熱している試験管が割れるのを防ぐため。
3 (1) エ　　　　　(2) 放出された。
　　(3) 発熱反応　　(4) イ
4 (1) アンモニア　(2) 吸収された。
　　(3) イ
　　(4) 発生した気体を吸着させて，気体がビーカーの外に出ないようにするため。

練習問題の解説

1 (1) 鉄と硫黄の混合物を加熱すると，鉄と硫黄が結びつき，硫化鉄という新しい物質ができる。加熱前の鉄は磁石につくが，加熱後の硫化鉄は磁石につかない。
　　(2) 加熱前の混合物にうすい塩酸を加えると水素が発生し，硫化鉄にうすい塩酸を加えると，においのある硫化水素が発生する。

2 (1) 炭素は酸素と結びつき，二酸化炭素になる。二酸化炭素は石灰水を白くにごらせる性質がある。
　　(2) この実験では，試験管に入れた黒色の酸化銅は，加熱後，赤色の銅に変化する。
　　(3) 酸化銅は酸素がうばわれるので還元されており，炭素は酸素と結びつき酸化されている。
　　(4) この実験では，酸化銅が炭素に酸素をうばわれて銅になる反応が起こっている。
3 (1) 鉄が空気中の酸素と結びつく酸化である。
　　(2) 鉄が酸素と結びつくとき，熱が放出される。
4 (1) この実験では，次のような反応が見られる。
　　塩化アンモニウム＋水酸化バリウム＋熱→塩化バリウム＋アンモニア＋水
　　(3) 炭酸水素ナトリウムとクエン酸が反応するとき，この実験と同じようにまわりの熱がうばわれる。ア，ウ，エはいずれも熱を放出する発熱反応である。

❹ 化学変化と物質の質量

✏️ 確認問題・・・・・・・・・・53 ページ

1 ① 質量保存の法則　② 二酸化炭素
　　③ 変わらない　　④ 小さくなる
　　⑤ 硫酸バリウム　　⑥ 変わらない
2 ① 1.00　　　　　② 4：1
　　③ 5.00　　　　　④ 1.00
　　⑤ 3：2　　　　　⑥ 一定

✏️ 練習問題 ──── 54・55 ページ

1 (1) 二酸化炭素　(2) 78.5（g）
　　(3) イ
　　(4) 容器の外に逃げるから。
2 (1) ウ
　　(2) 変わらない。
　　(3) 質量保存（の法則）
3 (1) $2Cu + O_2 \rightarrow 2CuO$
　　(2) 2.0（g）　　(3) 0.4（g）
　　(4) 4：1　　　　(5) 比例（関係）
4 (1) MgO　　　　(2) 1.0（g）
　　(3) 0.4（g）　　(4) 3：2

(5)

縦軸: 結びつく酸素の質量〔g〕（目盛り 0, 0.4, 0.8, 1.2）
横軸: マグネシウムの質量〔g〕（目盛り 0, 0.4, 0.8, 1.2）

練習問題の解説

1▶ (3)(4) 容器のふたをゆるめると，発生した二酸化炭素が外へ出ていくので，全体の質量は小さくなる。

2▶ (1) うすい塩化バリウム水溶液とうすい硫酸を混ぜると硫酸バリウムの白い沈殿ができる。

3▶ (1) 銅原子2個が酸素分子1個と結びついて酸化銅ができる。

(2) グラフの縦軸は酸化銅の質量を表している。銅が 1.6g のときのグラフの縦軸の値を読む。

(3) 銅 1.6g が酸化して酸化銅 2.0g ができる。よって，銅 1.6g と結びつく酸素の質量は，2.0 − 1.6 = 0.4 (g) となる。

(4) 1.6 : 0.4 = 4 : 1

4▶ (1) 酸化マグネシウムは，マグネシウム原子1個と酸素原子1個が結びついてできた化合物である。

(2) グラフの縦軸は酸化マグネシウムの質量を表している。マグネシウムが 0.6g のときのグラフの縦軸の値を読む。

(3) マグネシウム 0.6g を酸化させると，1.0g の酸化マグネシウムができる。よって，マグネシウム 0.6g と結びつく酸素の質量は，1.0 − 0.6 = 0.4 (g)

第5章
① 光の性質

✏ **確認問題** ・・・・・・・・・ 57 ページ

1▶ ① 入射角 ② 反射角
③ 入射角 ④ 屈折角
⑤ 屈折角 ⑥ 入射角

2▶ ① 焦点 ② 焦点距離
③ 実像 ④ 虚像

✏ **練習問題** ━━━ 58・59 ページ

1▶ (1) （光の）反射 (2) 等しい。
(3) （光の）屈折 (4) ア
(5) イ (6) 全反射

2▶ (1) C (2) A

3▶ イ，ウ

4▶ (1) 10 (cm) (2) イ

5▶ ① イ ② ウ
③ ア

6▶ (1) 実像 (2) 上下左右が逆
(3) 虚像 (4) 同じ
(5) ① 実像
② 同じ大きさになる。

練習問題の解説

1▶ (2) 光が鏡の面で反射するとき，入射角と反射角は等しくなる。これを反射の法則という。

(4)(5) 光が空気中から水中やガラス中へ進むとき，入射角のほうが屈折角よりも大きい。しかし，光が水中やガラス中から空気中へ出るときは，屈折角のほうが入射角よりも大きい。

(6) 光が水中やガラス中から空気中へ進むとき，入射角が大きくなると，光は空気中へ出ていかずにすべて水面で反射する。これを全反射という。

2▶ 水中から出た光は，水面に近づくように屈折して空気中へ出ていく。光源アから出た光は空気中へ出ていかず全反射する（C）。光源イから出た光は B，ウから出た光は A の方向に進む。

3▶ アは光の直進，エは光の反射による現象である。

4▶ (1) 凸レンズで，光が屈折して集まる点を焦点といい，レンズの中心から焦点までの距離を焦点距離という。

6▶ (1)(3) 物体が焦点の外側にあるときは，スクリーンに像がうつる。これを実像という。物体が焦点の内側にあるときはスクリーンに像はうつらず，スクリーン側から凸レンズをのぞくと虚像が見える。ルーペでものを拡大したときに見えるのは，この虚像である。

(2)(4) 実像は物体と上下左右が逆向きの像である。虚像は，物体と上下左右が同じ向きの像である。

(5) 物体が焦点距離の2倍の位置にあるとき，凸レンズの反対側の焦点距離の2倍の位置に実像ができる。また，このときの実像の大きさは物体と同じである。

第5章
❷ 音の性質と力のはたらき

✏ 確認問題 ・・・・・・・・・61ページ

1 (1) 340（m/s） (2) 2720（m）
2 ① 振動 ② 波
③ 気体 ④ 固体
⑤ 液体（④⑤順不同）
⑥ 大き（な音） ⑦ 振幅（が大きい）
⑧ 小さ（な音） ⑨ 振幅（が小さい）
⑩ 高（い音） ⑪ 振動数（が多い）
⑫ 低（い音）
⑬ 振動数（が少ない）
⑭ 振幅
3 ① （力の）作用点 ② 力の向き
③ 力の大きさ ④ 比例
⑤ フック ⑥ 等しい
⑦ 反対 ⑧ 同一直線上
⑨ 垂直抗力 ⑩ 反対

✏ 練習問題 ──── 62・63ページ

1 (1) イ (2) 空気
2 (1) イ (2) 1.19（km）
3 (1) C (2) B (3) A
4 (1) ① 0 ② 0.9
③ 1.8 ④ 2.7
⑤ 3.6 ⑥ 4.5
⑦ 5.4
(2)

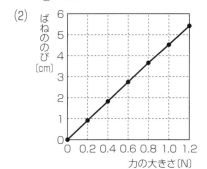

(3) 2倍，3倍，…と大きくなる。
(4) 比例（関係）
(5) フック（の法則）
5 (1) 垂直抗力
(2) （向き）反対 （大きさ）5（N）
6 (1) まさつ力
(2) （大きさ）同じ （向き）反対

練習問題の解説

1 真空ポンプで空気をぬくと，真空に近くなるため，ブザーの音は外部に聞こえにくくなる。これより，空気が音を伝えることがわかる。
2 (2) 340(m/s)×3.5(s)=1190(m)より，1.19km
3 (1) 弦の太さを細くすると，振動数が多くなるので，波の数が多いものを選ぶ。
(2) 弦を強くはじくと，振幅が大きくなるので，振動の幅が大きいものを選ぶ。
(3) 弦をはじく部分を長くすると，振動数が少なくなるので，波の数が少ないものを選ぶ。
4 (3)〜(5) ばねに加える力を，2倍，3倍，…にすると，ばねののびも2倍，3倍，…となる。つまり，ばねに加える力とばねののびには比例の関係がある。この法則をフックの法則という。
5 物体が動かないとき，重力と反対向きの力（垂直抗力）がはたらき，2力はつり合っている。
6 (1) 物体が面の上で引っ張られているとき，物体を引っ張る力と反対向きにはたらく力をまさつ力という。
(2) 物体が動かないとき，2力はつり合っている。そのため，物体を引っ張る力と同じ大きさで反対向きにまさつ力がはたらく。

第6章
❶ 回路と電流・電圧

✏ 確認問題 ・・・・・・・・・65ページ

1 ① = ② =
③ = ④ +
⑤ =
2 ① = ② +
③ = ④ =

★3 (1) 4 〔Ω〕　　　(2) 0.5 〔A〕
(3) 30 〔V〕
★4 (1) 8 〔W〕　　　(2) 3 〔W〕
(3) 180 〔J〕　　　(4) 81 〔J〕

✏ 練習問題 ——————— 66・67 ページ

1▶

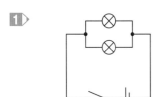

2▶ (1) 3.8 〔A〕　　　(2) 4.0 〔A〕
3▶ (1) 4.5 〔V〕　　　(2) 1.5 〔V〕
4▶ ウ
5▶ (1) 2 〔Ω〕　　　(2) 15 〔Ω〕
(3) 3 〔A〕　　　(4) 0.6 〔A〕
6▶ (1) 18 〔V〕　　　(2) 2 〔V〕
7▶ (1) 1.5 〔A〕　　　(2) 4 〔Ω〕
(3) 540 〔J〕
8▶ (1) 3 〔A〕　　　(2) 18 〔W〕
(3) 3240 〔J〕　　　(4) 4.8 〔℃〕

練習問題の解説

2▶ (1) 直列回路を流れる電流はどこも同じ大きさ
だから，点Pを流れる電流は3.8Aとなる。
(2) 並列回路では，枝分かれする前の電流の大
きさは，枝分かれしたあとの電流の大きさの
和に等しいので，点Pを流れる電流は，
6.0 − 2.0 = 4.0 〔A〕となる。
3▶ (1) 直列回路では，各抵抗に加わる電圧の大き
さの和が電源の電圧と等しいので，Pに加わ
る電圧は，8.0 − 3.5 = 4.5 〔V〕となる。
(2) 並列回路では，各抵抗に加わる電圧の大き
さは電源の電圧と等しいので，Pに加わる電
圧は 1.5 〔V〕となる。
4▶ 　　電流計は回路に直列に，電圧計は並列につ
なぐ。
5▶ (1) $\dfrac{4 〔V〕}{2 〔A〕}$ = 2 〔Ω〕

(2) 800mA = 0.8 A，$\dfrac{12 〔V〕}{0.8 〔A〕}$ = 15〔Ω〕

(3) $\dfrac{12 〔V〕}{4 〔Ω〕}$ = 3 〔A〕

(4) $\dfrac{6 〔V〕}{10 〔Ω〕}$ = 0.6 〔A〕

6▶ (1) 6 〔Ω〕 × 3 〔A〕 = 18 〔V〕
(2) 10 〔Ω〕 × 0.2 〔A〕 = 2 〔V〕
7▶ (1) $\dfrac{9 〔W〕}{6 〔V〕}$ = 1.5 〔A〕

(2) $\dfrac{6 〔V〕}{1.5 〔A〕}$ = 4 〔Ω〕

(3) 9 〔W〕 × 60 〔s〕 = 540 〔J〕

8▶ (1) $\dfrac{6 〔V〕}{2 〔Ω〕}$ = 3 〔A〕

(2) 6 〔V〕 × 3 〔A〕 = 18 〔W〕

(3) 18 〔W〕 × 180 〔s〕 = 3240 〔J〕

(4) 水の上昇温度は時間に比例している。1分
間電流を流したときの，水の上昇温度は，
21.8−21.0=0.8 〔℃〕だから，6分間電
流を流したときの水の上昇温度は，
0.8 × 6 = 4.8 〔℃〕

第6章
② 電流の正体

✏ 確認問題 ・・・・・・・・・69 ページ

1▶ ①　静電気　　②　−（マイナス）の電気
③　放電
2▶ イ
3▶ ①　真空放電　　②　−
③　蛍光板　　　④　−
⑤　−　　　　　⑥　電子
⑦　−　　　　　⑧　＋
4▶ (1) 陰極線（電子線）
(2) −（極から）＋（極）
5▶ ①　透過　　　　②　放射性物質
③　放射能

✏ 練習問題 ——————— 70・71 ページ

1▶ (1) イ　　　　　(2) イ
(3) 毛皮　＋　　綿の布　−
2▶ (1) 電子　　　　(2) −（の電気）
(3) A　　　　　(4) ウ
3▶ (1) ウ
(2) 電子は−の電気を帯びていて，＋極
側に引きつけられるから。

練習問題の解説

1 (1) ストローA，Bを同じ種類の物質(ティッシュペーパー)でこすったので，ストローA，Bは，同じ種類の電気を帯びている。同じ種類の電気はしりぞけ合う。

(2) ポリ塩化ビニルの棒を近づけると，ストローAは離れたことから，ポリ塩化ビニルの棒とストローAは同じ種類の電気を帯びているとわかる。また，ガラス棒を近づけると，ストローAとガラス棒が引き合ったことから，ストローAとガラス棒はちがう種類の電気を帯びていることがわかる。

(3) ストローBが−の電気を帯びているとき，ポリ塩化ビニルの棒は−の電気を，ガラス棒は＋の電気を帯びていることになる。したがって，ポリ塩化ビニルの棒をこすった毛皮は＋の電気を，ガラス棒をこすった綿の布は−の電気を帯びていることになる。

2 (1)(2) 金属でできた導線には，＋の電気を帯びた粒子と−の電気を帯びた粒子があり，このうちの−の電気を帯びた動きまわっている粒子を電子という。

(3)(4) 電流の正体は電子の流れであり，電流が＋極から−極に流れるのに対し，電子はその反対で−極から＋極に流れる。

3 電子は−の電気を帯びているので，電極X，Yに電圧を加えると，電極Aから出た電子は，＋極側に引きつけられる。陰極線(明るいすじ)が電極X側に曲がったことから，電極Xは＋極であることがわかる。

第6章
❸ 電流と磁界

✎ 確認問題 ・・・・・・・・・・73ページ

1 ① S極   ② しりぞけ合う
   ③ 引き合う

2 ① 磁界   ② N
   ③ 磁界   ④ 磁力線
   ⑤ N   ⑥ S (⑤⑥順不同)

3 (1) a   (2) b

4 (1) イ   (2) イ

5 (1) 誘導電流   (2) B

✎ 練習問題 ———— 74・75ページ

1 (1) A   (2) ウ

2 (1) ① エ   ② ア
   (2) 磁力線   (3) a
   (4) イ

3 (1) 誘導電流   (2) 右
   (3) ウ

4 (1) イ   (2) イ
   (3) ア   (4) ウ
   (5) 電流を大きくする。(コイルの巻き数を多くする。)

練習問題の解説

1 (1) 磁力線の向きは，磁界の向きと同じで，磁石のN極からS極へと向かう向きである。

(2) 磁界の向きは，そこに方位磁針を置いたときにN極がさす向きである。

2 (1) 導線を流れる電流のまわりにできる磁界の向きは，電流の向きをねじが進む向きとしたときのねじを回す向きになる。

(4) 磁力線どうしの間隔がせまく，磁力線が混んでいるところほど，磁界は強い。

3 (2) 磁石の動かし方は変えずに，近づける磁石の極を逆にすると，誘導電流の向きは逆向きになるので，検流計の針は反対に振れる。

(3) 磁石が動いていないと，磁界は変化しないので，コイルに電流は流れない。

4 (1) 流れる電流の向きだけを変えると，導線を流れる電流が磁界から受ける力の向きは逆向きになる。

(2) U字形磁石のN極とS極だけを入れかえると，導線を流れる電流が磁界から受ける力の向きは逆向きになる。

(3) 電流の向きを変えると，導線を流れる電流が磁界から受ける力の向きは逆向きになる。同時に磁界の向きも変えると，導線を流れる電流が磁界から受ける力の向きはさらに逆向きになるので，コイルは，どちらも変える前の向きと同じ向きに動く。

(4) 発電機は電磁誘導のしくみを，光ファイバーは光の全反射の性質を，モーターは電流が磁界から受ける力のしくみを利用したものである。

13

① 地震

✏ 確認問題 ・・・・・・・・・ 77 ページ

1 ① 初期微動　　② P
　③ 主要動　　④ S
　⑤ 初期微動継続時間

2 ① 震央　　　　② 震源

3 ① 震度　　　　② マグニチュード
　③ M　　　　　④ 海溝
　⑤ 海洋　　　　⑥ 大陸
　⑦ 断層　　　　⑧ 活断層
　⑨ 海岸段丘　　⑩ P
　⑪ S（⑩⑪順不同）　⑫ 速さ

✏ 練習問題 ──── 78・79 ページ

1 (1) （ゆれ）初期微動　　（波）P 波
　(2) （ゆれ）主要動　　　（波）S 波
　(3) 初期微動継続時間
　(4) 160 （km）　　(5) ア

2 (1) 断層　　　　(2) 隆起
　(3) イ

3 (1) A　大陸　　　B　海洋
　(2) a　　(3) イ　　(4) ア

4 (1) P 波　6 km ／秒
　　 S 波　3 km ／秒
　(2) 7 時 3 分 32 秒
　(3) 32 （秒）

練習問題の解説

1 (4) P 波と S 波が到達する時間が 20 秒ちが う地点をグラフから探すと，160km とわか る。

2 (3) 震源から遠いほど，震度が小さくなること が多い（イ）。震源からの距離が等しくても， 岩盤（がんばん）の強度のちがいなどで震度がちがうこと もある（エ）。

3 (3)(4) 太平洋のほうから動いてきた海洋プレー トが，大陸プレートのななめ下に沈みこんで， 大陸プレートがひずむ。すると，ひずみに耐（た） えきれなくなった大陸プレートが反発し，地 震が起こる。

4 (1) 震源距離が 60km の地点と 90km の地点 の震源距離の差と P 波の到着時刻の差をそ れぞれ求めると
　震源距離の差　90 − 60 ＝ 30 [km]
　P 波の到着時刻の差　47 − 42 ＝ 5 [秒]
となり，速さは，距離÷時間なので
　30 [km] ÷ 5 [秒] ＝ 6 [km ／秒] となる。
　S 波の速さも同様に求めると
　30 [km] ÷ 10 [秒] ＝ 3 [km ／秒] となる。

(2) 震源距離が 60km の地点で考える。(1)で 求めた P 波の速さを用い，震源から P 波が 到着するまでの時間を求めると
　60 [km] ÷ 6 [km ／秒] ＝ 10[秒] となる。
よって地震発生時刻は，60km の地点に P 波が到着する時刻より 10 秒早い，7 時 3 分 32 秒となる。

(3) 震源距離が 18km の地点に P 波が到着す るまでの時間は
　18 [km] ÷ 6 [km ／秒] ＝ 3 [秒]
緊急地震速報が発表されるのはこの 5 秒後 なので，地震発生から 8 秒後に発表された ことになる。
震源距離が 120km の地点に S 波が到着す るまでの時間を求めると
　120 [km] ÷ 3 [km ／秒] ＝ 40 [秒]
よって，緊急地震速報が発表されてから震源 距離が 120km の地点で主要動が発生する までの時間は 40 − 8 ＝ 32 [秒]

② 火山

✏ 確認問題 ・・・・・・・・ 81 ページ

1 ① マグマ　　　② 火山噴出物
　③ 弱い　　　　④ 強い
　⑤ 弱い　　　　⑥ 強い
　⑦ 白っぽく　　⑧ 黒っぽい

2 ① 急に　　　　② 火山岩
　③ ゆっくり　　④ 深成岩
　⑤ 斑状　　　　⑥ 等粒状
　⑦ 玄武岩　　　⑧ 花こう岩

3 ① 斑晶　　　　② 石基

③ ① 柱状図　　　② 示相化石

③ 浅い海　　　④ 中生代

練習問題 ——— 86・87 ページ

① (1) ウ　　　　　(2) 扇状地

② (1) イ　　　　　(2) イ

(3) 凝灰岩

③ (1) ① 化石　　　② 示相化石

③ 示準化石

(2) A シジミ　　B サンゴ

C アサリ　　D ナウマンゾウ

④ (1) ① れき　　② 泥　　③ 砂

(2) 柱状図

(3) 泥の層　　　(4) かぎ層

(5) 火山の噴火があった。

練習問題の解説

② (3) 凝灰岩は，火山灰，火山れき，軽石などが堆積してできた岩石で，角ばった鉱物が見られる。

④ (5) 凝灰岩は，火山灰，火山れき，軽石などが堆積してできた岩石である。よって，凝灰岩の地層ができた当時，その付近で火山の噴火があったと考えられる。

練習問題 ——— 82・83 ページ

① (1) マグマ　　　(2) 水蒸気

(3) 溶岩

(4) ① 火山灰　　② 軽石

② (1) C（→）B（→）A

(2) C　　　　　(3) A

(4) A イ，オ　　B ウ，カ

③ (1) 火成岩

(2) a 石基　　　b 斑晶

(3) 斑状（組織）

(4) 等粒状（組織）　(5) 花こう岩

④ (1) A 深成岩　　B 火山岩

(2) ウ，エ，オ

(3) 地下深いところで，ゆっくりと冷え固まってできる。

(4) 地表や地表付近で，急に冷え固まってできる。

練習問題の解説

① (2) 火山ガスの大部分は水蒸気で，ほかに二酸化硫黄や二酸化炭素などがふくまれている。

③ (5) 火山岩は白っぽい順に流紋岩，安山岩，玄武岩で，深成岩は，白っぽい順に花こう岩，せん緑岩，斑れい岩である。

④ (2) 流紋岩，安山岩，玄武岩は火山岩で，花こう岩，せん緑岩，斑れい岩は深成岩である。

(3)(4) 深成岩は，ゆっくりと時間をかけて固まるので，結晶が十分成長することができる。火山岩は，冷え固まるまでの時間が短いので，結晶が十分に成長することができず，結晶になれなかった石基の部分が見られる。

第7章
③ 地層

確認問題 ・・・・・・・・・85 ページ

① ① 風化　　　　② 侵食

③ 運搬　　　　④ 堆積

② ① 堆積岩　　　② 丸み

③ 砂岩　　　　④ 石灰岩

第8章
① 大気中の水蒸気と雲のでき方

確認問題 ・・・・・・・・・89 ページ

① ① 水滴　　　　② 雲

③ 低く　　　　④ 低く

⑤ 氷の粒

② ① 飽和水蒸気量　② 凝結

③ 露点

③ (1) 4.5（g）　(2) 15（℃）

(3) 3.4（g）

④ ① 高気圧　　　② 低気圧

③ 時計　　　　④ 下降

⑤ 反時計　　　⑥ 上昇

⑦ くもり　　　⑧ 雨（⑦⑧順不同）

1️⃣ (1) 水滴　　(2) ウ　　(3) 上昇気流
2️⃣ (1) B
　　(2) A　イ　　　　B　ア
3️⃣ (1) 1.5（g）　　(2) 14（℃）
　　(3) 露点　　　　(4) 3.8（g）
4️⃣ (1) 25（g）　　(2) ウ
　　(3) ウ　　　　(4) ウ

練習問題の解説

1️⃣ (1) ピストンを引くと，丸底フラスコの中の気圧が低くなり，温度が下がる。その結果，フラスコ内の水蒸気が冷やされて水滴となり，フラスコの中が白くくもる。
　　(2) (1)の後，ピストンを押すと，丸底フラスコの中の気圧は高くなり，温度が上がる。すると，(1)でできた水滴があたためられて水蒸気になり，くもりが消える。
　　(3) ピストンを引くと気圧が下がるが，これは，地表付近の空気が上昇気流となるときと同じ状態である。

2️⃣ 　まわりより気圧が高いところを高気圧，まわりより気圧が低いところを低気圧という。Aは低気圧，Bは高気圧である。

3️⃣ (1) 16℃の空気の飽和水蒸気量は13.6g/m³だから，まだふくむことのできる水蒸気量は，
　　　13.6 － 12.1 = 1.5〔g〕
　　(2) 14℃の空気の飽和水蒸気量が12.1g/m³だから，気温が14℃より低くなると，水滴ができはじめる。
　　(4) 8℃の空気の飽和水蒸気量が8.3g/m³だから，12.1 － 8.3 = 3.8〔g〕の水滴ができる。

4️⃣ (2) Bの空気にふくまれる水蒸気量は，20℃のときの飽和水蒸気量とほぼ等しいので，露点はおよそ20℃である。
　　(3) グラフより，Dの空気 1m³ 中にふくまれている水蒸気量は約 7g だから，
　　　20 － 7 = 13〔g〕
　　(4) 空気 1m³ 中にふくまれている水蒸気量が等しい空気は，露点が同じである。

第8章
② 気団と前線

1️⃣ ① 寒（気）　　　② 暖（気）
　　③ 寒冷（前線）　④ 温暖（前線）
　　⑤ 広い　　　　　⑥ 弱い
　　⑦ 長　　　　　　⑧ せまい
　　⑨ 強い　　　　　⑩ 短
2️⃣ ① 偏西風　　　　② 東
　　③ 季節風　　　　④ 北西
　　⑤ 南東　　⑥ 海風　　⑦ 陸風
3️⃣ (1) 陸上　　　　(2) 陸上
　　(3) 西高東低　　(4) 南高北低

1️⃣ (1) 寒冷前線　　(2) ア
　　(3) ア
　　(4) ① 気団　　② 前線面
　　　　③ 前線
2️⃣ イ
3️⃣ (1) エ　　　　(2) エ
4️⃣ ウ
5️⃣ (1) 夏　C　　　　冬　A
　　(2) B

練習問題の解説

1️⃣ (1) 図のような低気圧は温帯低気圧と呼ばれる。温帯低気圧は，東側には温暖前線を，西側には寒冷前線をともなうことが多い。
　　(2) 温暖前線の通過後は，気温が上がり，風向は東よりから南よりに変わる。
　　(3) 前線の北側には寒気が，南側には暖気がある。

2️⃣ 　寒冷前線の通過後は，寒気におおわれるため気温が急に下がる。また，風向は南よりから北よりに変わる。

3️⃣ (2) 偏西風は，中緯度（北緯 30° ～ 60° や南緯 30° ～ 60°）でふく西よりの風である。

5️⃣ (2) あたたかく湿った小笠原気団と，冷たく湿ったオホーツク海気団の勢力がつり合うと，日本列島付近に停滞前線ができ，長雨をもたらす。